一小時的力量

每天微改變，養大你的成功因子

Power Hour

HOW TO FOCUS ON YOUR GOALS AND CREATE A LIFE YOU LOVE

ADRIENNE HERBERT

艾德莉安·赫伯特——著　若揚其——譯

給知道自己能做得更多、
完成更多、改變更多的你

目錄

Contents

前言

在過去這幾年裡，我有時會覺得自己除了全力一小時這個主題之外，似乎再也不曾談論過其他主題了。我的早上全力一小時，是從二〇一七年一月開始的，我得承認自己是那種崇尚新年要有新開始動力的人；另外我也很愛搞一堆清單和計畫，所以每當新年伊始，我的手邊總有一本寫滿了目標和抱負的日記簿。在二〇一七年一月時，我發覺自己迫切渴望能有個新的開始。剛結束的一年很難熬，而我也已經到了該做出改變的時刻了。當你處在人生低谷時，根本無暇思考什麼「人生大計」，特別是你的人生根本走上了與心中所期望完全不同的方向時。當時我心中的期望與夢想，是建立一個大家庭；我的兒子賈德已經五歲大，而我與先生在賈德剛滿兩歲時，就一直試著努力再懷孕。我和老公打從結婚起，就計畫至少要生三個小孩，甚至是四個；因此當我們努力了三年，試過**各種辦法**卻仍沒有任何動靜後，我開始覺得煩燥、生氣而且絕望。

當一切似乎都不如預期時，你會怎麼做呢？我相信你一定知道該何時開始、何時進行，也知道該何時停止。當我說我們試過了各種辦法，請相信這是真的——經歷各種討論、研究、看了許多次醫生、做過各種測試，最後我們判斷，想再生一個小孩的最好選擇就是試管嬰兒。相信各位讀者應該都聽過試管嬰兒，也許你就有朋友曾經做過這樣的嘗試；而如果妳曾經親身經歷過這種受孕過程，請讓我向妳致上最高的敬意，妳真他 X 的是位戰士！對我而言，試管嬰兒療程證明了人類為了自身渴望，幾乎能忍受一切。也許我在治療時並未想到這一點，但當我回顧這一切時，支撐整個療程的正是極度的渴求。我渴望為兒子帶來另一名手足，讓他們一起成長，創造更多的回憶；我渴望在兒童泳池畔、那些準備生第二胎的朋友旁邊也搭得上話；我渴望在別人問我哪時要生第二胎時，可以理直氣壯地回答他們；我渴望給我老公帶來好消息，而不是每次在浴室裡做完驗孕測試後，出來看到他臉上滿滿的失望與心碎。整整三年的時間，我只能禱告、哭泣、等待，同時保持希望。

剛開始進行試管嬰兒療程時，我內心其實很矛盾（可不只是因為在整個療程中，你每天得在體內注射大量的荷爾蒙）。我的腦袋告訴自己，這些療程一定有效，這些人都是專家，他們知道該怎麼做；而且我還很年輕健康，**沒有理由行不通**。我還告訴自己，心理會影響身體，我必須**全心相信**這個療法，相信它一定有效。老實說，如果沒有相信這種治療真的能成功，我不認為自己的身心狀態有辦法撐完整個療程的挑戰，我要說服自己這一切都是值得的。很多女性都接受過試管嬰兒的療程，我想她們應該都會同意我的看法，因為唯有如此，你才撐得過去。但另一方面，我內心既小心翼翼又害怕；假如治療起不了作用，我該怎麼辦呢？這就像是你所能抓住的最後一塊浮木，我們深知如果這一次失敗了，我們也無法負擔再做一次的治療費用，這就好像我把人生所有的幸福全都賭在上頭一樣。

用坐雲霄飛車來形容我心情的起伏，聽起來也許有趣，但現實可不是如此。幸好，經過幾個星期痛苦的療程與心靈上的折磨後，我們終於能帶著好消息離開生育門診了。沒錯，療程真的有用，我懷孕了！我還能清楚回想起當時開車回家路上的每分每刻，我興奮極了，心中開始幻想來年的情景，想像我又能挺著一個大肚子，還有我要告訴賈德他即將有一個小弟或小妹了；我期盼能替他做到，也許還更勝於為自己做到，畢竟，手足之間的關係，是其他關係難以比較的。就像我很難想像要是自己沒有其他手足的話，會是何種光景。況且我已經整整三年每天幻想著這一刻的到來，所以早就想好了一長串可能的新生兒名字，甚至開始幻想起小貝比長什麼樣子。隨著日子一天天過去，我們終於有如釋重負的感覺，將好消息告訴了自己的家人，還有幾位較親近的友人來慶祝；而我們決定要多等幾個星期才告訴賈德這件事（畢竟一位五歲小男生的嘴巴是守不住祕密的，我想像他一定會在聽到消息的第一時間，就告訴班上的所有同學）。

到頭來，我們沒能夠告訴賈德這件事。不到四個星期後，我因為疼痛和胃絞痛而痛到醒過來，這鐵定是出了什麼問題，但我試著不往壞處想，假裝一切都會沒事。等到我先生去上班之後，我把賈德送去學校，在走回家的路上，心裡不斷祈禱疼痛能消失不見，但是到了中午，疼痛更嚴重了，再也無法視而不見，一定是出事了：我流產了。我們等待這個小貝比這麼久，就這樣在某天的下午離開，也帶走了喜悅與希望。我們總有面對痛苦的經驗——而且無人能避免，一定會遇到不幸、挫折、失敗、心碎、傷痛或失落。也許有人經歷比別人更多的苦痛，而有人一生中所承受的苦痛是沒有理由的；每個人都有自己的一段故事，而這也只是我故事中的一小段。

當時的我無法預見，人生中這麼艱難的時刻，竟然改變了所有的一切。那時候，我覺得自己好像不再能擁有其他讓我如此熱切期盼的追尋目標——但我也知道不能再耽於擁有更多小孩的夢想，這反而損及了生命中其他的事物；我的婚姻、我的財務狀況、我的人際關係，更重要的是我的人生觀受到了負面的影響。我開始忌妒起有好幾個小孩的朋友，聽她們抱怨起晚上因小孩哭鬧而難以入眠時，更是怒火中燒；我仍一直為賈德是獨子這件事深感愧疚，無法理解這樣的事怎麼會發生在我身上。這有什麼目的嗎？這是要教會我什麼大道理嗎？我愈鑽尋這些答案，愈找不到出口——失望壓垮了我，讓我心碎不已，開始怨天尤人。儘管我非常感激擁有賈德，每當他叫我一聲「媽咪」時更是深感如此，但這仍然無法撫平我內心深處的悲傷。每當我試圖向前看，卻發現再也無法具體想像自己曾經的夢想。這就像是你光是低頭看著地面，永遠也看不到隧道出口處的光線。我的心有如一灘死水，覺得無論未來變得如何，永遠都不是我最理想的選擇。

情況就這麼一直持續著，直到發生了兩件非常重要的事。第一件事，是在很湊巧的時間點，有個機會送上門來；而第二件重要的事，則是我有接受的意願。

二〇一七年年初，我接到了來自保羅．布拉迪（Paul Brady）打來的電話，他是運動大廠愛迪達（Adidas）英國分公司的公關經理，我們之前曾經合作過。他告訴我，愛迪達在倫敦舉辦的著名馬拉松比賽裡，取得了幾個出賽名額，他問我想不想要以愛迪達 AR 跑步社群成員的身分參加比賽。那時是一月，距離四月的馬拉松賽事只剩十四個星期了，在那之前，我從沒慢跑超過十公里。但我還是做出了預期中會有的反應：「哇！天啊！好啊！我從沒跑過馬拉松耶！那就來吧！算我一份！」一掛斷電話時，我還很熱血。但這股衝動很快就被自我懷疑所淹沒。**別開玩笑了！妳跑不完四十公里的啦！**我內心大聲地喝斥自己。**妳根本不是馬拉松跑者！妳不過是個家庭主婦，頂多是個健身教練而已，妳甚至連怎麼進行跑馬拉松的訓練都搞不清楚，妳當然得請個教練吧？只有真正的選手才敢挑戰馬拉松，像這麼著名的馬拉松賽事，鐵定有一堆專業跑者參賽，妳最好把位置讓給真正有能力的人選，別的不說，妳真的還有時間準備嗎？現在是一月，外頭還冷得要命，醒醒吧！艾德莉安！妳只在好天氣時跑步，最好回電給他，告訴他妳後悔了！**就這樣慌張了幾分鐘後，我讓自己冷靜下來，開始花幾個小時上網研究跑馬拉松該如何訓練、閱讀如何準備第一場馬拉松的文章。直到那時，我才恍然大悟，原來我是多麼**需要**專注——專注力是讓我把精神和體力，完全集中投射在新事物上頭的重要關鍵。在那之前的幾年中，我仔細地記錄了自己的生理週期，計算每個月的排卵時間；還花上幾個小時去分析提高生育力的飲食和強化精子活力的統計數字和資料。如果我能夠把相同的專注力，投入到比賽的訓練上，或許挑戰我人生中的第一場馬拉松，就不是很瘋狂的計畫了吧。

不過，還有時間問題待解決。進行馬拉松訓練，需要每星期多花幾個小時，讓身體做好準備。除了實際的跑步訓練時間之外，還需要撥出時間來恢復、伸展、看物理治療師，以及做肌力訓練和練習以提升技巧和避免受傷。我怎麼擠得出這麼多額外的時間呢？在平時家庭生活的家務之外，我每個星期還兼任了八位客戶的一對一健身課程教練；同時要寫網誌，不定時為健康與保健雜誌撰寫文章，我還開始與某些品牌合作，發起社群媒體活動。忙了一整天之後，我要到賈德上床睡覺後才有時間吃晚餐，根本不想在寒冷的夜晚外出練跑一小時，完全不可能。不過這也讓我驚覺：如果想要每天擠出額外的一小時為比賽進行訓練，那麼最簡單的解方，就是提早一小時起床。

賈德通常在早上六點半醒來，這代表我五點半就得出門。如果光想到這一點就會令你很排斥，請你再忍耐一下。相信我，一開始我也不怎麼喜歡這個主意（我有提過那時是一月吧？）。但我總得想出辦法來準備比賽，因此只能姑且一試（等你更深入閱讀本書內容，你會發現每當我說「姑且一試」時，其實我的意思是：我會全心全力投入，就像著了魔似地重視所有可能的細節，同時抱著不成功便成仁的決心。**這就是**我「姑且一試」的定義）。

在電話裡接受保羅的邀請時，我其實稍微抱著隨口答應的態度。但是我內心深處很清楚，無論這個挑戰有多麼艱苦，我總會找到方法去實現它；我渴望新的挑戰，那種可以完全自己掌控結果的事物。

在本書，我會陸續告訴你，在每天早上多擠出了一小時的時間後，接下來幾個月和幾年內的後續發展。當時我並不知道，光是把起床時間提早一小時，居然讓所有的一切都改觀了——從人際關係到事業，以及從根本上開始相信自己的人生能擁有許多的可能性。我利用這多出來的一小時閱讀更多書、聽播客和完成線上課程、進行馬拉松比賽訓練、舒展肢體、冥想、寫日記，甚至是撰寫這本書。所謂全力一小時不只是在早上五點起床這麼簡單，也不是要有超高的生產力、或是每天早餐前先跑個八公里。老實說，只要它是一天中的第一個小時，我才不管你選擇的是一天中的哪個時段——時間本身並不重要。全力一小時是一種心態；是讓你自主做出選擇並採取行動；這是一種讓你能專注在目標，創造出你想要的生活的方法。在實行全力一小時之前（就事後的觀點來看），我無法想像自己的人生能夠變得像現在這樣，因為我從來沒有好好花時間思考任何的可能性。

事實上，全力一小時對我的生活造成的影響難以衡量。現在的我在保健相關產業工作，擔任教練和品牌顧問，勵志演說家和播客主持人；我曾在十四個國家參與路跑比賽，在許多世界級大企業的員工面前演說，其中包括蘋果、ASOS[1]和巴克萊銀行[2]。我主持超過一百次有關全力一小時的播客訪談節目，訪問過業界領導人、創業家、奧運選手、心理學家、創新與變革者，了解他們日常生活中的習慣，以及他們賴以遵循的生活原則，找出讓他們每天早上早早起床的動力是什麼。與這些高績效人士合作，讓我學到許多，因此，也讓我得以發現許多人都有的共同特質和關鍵原則。如果想要完全發揮自身的潛能，在個人與專業領域上獲得更多成就，我將在本書中提示你應該要關注的重點。

或許你並不打算去參加馬拉松比賽，也不想創業或者寫一本書，但我相信人們總會有一兩個**想完成的事**。無論你想成就的事情規模大小，全力一小時所在意的是**你個人**，以及**你的目標**。許多書會告訴我們，只要找到你的目標，然後跟隨你的熱情。但在現今瞬息萬變、步

1 英國知名線上美妝商品公司。
2 Barclays，英國歷史最悠久的銀行。

調飛快的世界裡，這種建議說來容易，做來難。現代社會複雜，打從起床那一刻直到晚上就寢，人們淹沒在許多的選擇、想法、新趨勢和雜訊中，光是要跟上生活步調就很不容易了。當然，也許真有那麼一天你能夠隨心所欲，但現在呢？根本沒時間，對吧！想想你曾經有多少次這麼說：「我很想做，但沒時間……」或是：「總有一天，我要開始這項計畫！也許等我有更多錢，或是等孩子長大了……」這些話我從朋友和客戶的口中聽過太多次了，連我自己也曾這麼說過！

你的時間如此珍貴，也是唯一無法用錢買到的事物。這裡要先聲明一點，我不是要求你每天的每一個小時都要很有「生產力」，事實上剛好相反。你只需要先從**一個小時**做起。在每一天的一開始，用一小時的時間來做一些你想做的事——任何事都可以！這等同於開始善用你的時間，以及你的活力。隨著一天過去，會有愈來愈多事同時分散了你的注意力，例如收到電子郵件、即時通訊息、工作截止日、小孩的事，甚至是差事等等。所以，在整個世界還未開始甦醒之前，在你開始付出你的時間與精力之前，獻出一小時給自己開啟你的一天，去創造出你真正熱愛的生活，成為你想要成為的人。

從每天運動的重要性、養成新習慣的科學，到培養成的心態和增強自信，給你我學習的過程和可用的工具，讓你能逐步建立起一套屬於自己的流程。我希望你讀這本書後，能激發你改變你的生活，無論大或小。但我也要先警告你，光覺得受激勵是不夠的，你一定要付諸行動！把這本書當成一本使用手冊，藍圖和工具箱。你總不可能光是坐著看駕駛手冊，然後要別人幫你開車，就能學會開車；你得實際開車上路！假如書中某些建議帶給你一些啟發，那就試著去做做看。但還是要記住，這僅止於建議，沒有掛保證的成功祕訣（我很抱歉地說，這本書就算翻到最後一頁，也不會出現成功摘要或人生解答）。我希望你從書中發現也許自己過去從未思考過的事；我也料想或許你無法認同書中的某些觀點，或覺得自己不適合某些看法，這都沒問題，我反而希望這些觀點或看法，能成為彼此對話的開始。在這本書中，你會看到許多我與其他人的談話內容，我尊敬與欽佩這些人，各有各的理由，他們都教導了我許多；我希望在書中如實呈現出他們的為人，也希望你也能從他們的金玉良言中有所體悟。

本書中每一章都是獨立的，也沒有先後次序，因此如果你想直接去看什麼是行動的力量，或是想先從睡眠的力量讀起，都沒問題，只要確定你手邊有枝鉛筆，以便你讀到之後還想重溫的重點、或是想與他人分享的部分時，能夠馬上畫上重點線。這不是一本圖書館借書，不需要維持原樣。最好它能夠被你放進背包中隨身攜帶，其中幾頁被咖啡弄髒和沾滿食物碎屑，書底一角因你不小心掉進浴缸而皺起來，書裡滿是你閱讀時臨時用來當書籤用的收據。如果你讀完這本書後把書借給別人看，我更是感到光榮無比。我可不是想寫一本放在桌上看起來漂亮，或是裝飾你的仙人掌盆栽旁架子的書；我希望這本書能發揮影響力，成為你需要啟發與鼓勵時，會回頭一再重溫的書。

好的，準備好加入正式的全力一小時團體了嗎？請把手放在胸前，跟著我大聲唸一遍：「我再也不按鬧鐘的貪睡鍵，永遠不會！」我之所以這麼討厭貪睡鍵是有原因的。想像一下你等公車，準備坐上十分鐘的車子前往〇〇〇（請自行用你喜歡的地點代入〇〇〇，像是迪士尼樂園、科切拉音樂節或 Gucci 精品大特賣等等），當第一班公車駛來，你會想說：**哦！讓它過去吧！我坐下一班車就好了！**不可能的！你會馬上跳上公車，因為你超想趕快去那個地方對吧！同樣地，當星期一早上鬧鐘響起時，如果你按下貪睡鍵，就等於承認你對於接下來要發生的事不感興趣。無論當天的你將要做什麼事，都是可拋在腦後的，因為你打從心底想逃避這些事——至少逃離十到二十分鐘也好。如果你的確會這樣，那就得想辦法為你的一天增添一點樂趣。我不是每天早上一起床，就興奮得像要去迪士尼一樣，但我總是帶著期待的心情起床。我生命中的每一天都充滿了喜樂，因為我可以創造自己理想的生活，同時發掘生活中的「好事情」，這些好事可能有大有小，但我知道它們一直存在。我會看著日記本上的行程安排，迫不及待地想完成。這就是為什麼一個小時對當天剩下的時間特別重要。因為它為接下來一整天的生活定了調。

一旦你發現了全力一小時能改變生活的好處，接下來不妨和其他人，不，是所有人一起分享這個想法。人們也許會反問你：「何必呢？」為什麼你**願意**每天提早一小時起床呢？但是千萬不要因為他人的嘲笑或認為你瘋了就退卻，畢竟，「沒有一個天才不是帶點瘋狂」（感謝亞里斯多德！）。相信我，用不了幾個月，他們的反應會變成：「**怎麼做到的？**」假如我們找到能觸發改變的事物，別人也會注意到這樣的變化。

在正式進入本書主題之前，容我再補充一點——如果你從這本書只學到一件事，那就讓它成為改變和轉換你生活的可能。你應該追求真正想要的生活。如果你不知道該怎麼開始，就從每天第一個小時開始。第一個小時。全力一小時。

You can
do hard
things.

你可以克服困難

第 1 章

心態的力量

The Power of Mindset

身為一個一生中面臨許多挑戰的人，我一直很好奇，想知道為什麼有人面對逆境會一蹶不振，有人則是從逆境中重生。為什麼有人面對失敗，反而驅使他們邁向成功，而有人則是害怕失敗而躊躇不前？是什麼決定了我們看待事物的觀點、改變我們的心態呢？事物總是有一體兩面，無論在任何處境下，都可以找出現況的一堆優點和缺點；即使是同一件事，也會有正反兩面的看法。比較簡單的答案是，這完全取決於你選擇專注在對自己最有利的那一面，然後培養所謂的「成長心態」。

「定型心態」和「成長心態」這兩個專有名詞，源自於卡蘿・杜維克博士（Dr. Carol Dweck）的暢銷書《心態致勝：全新成功心理學》（*Mindset: Changing the way you think to fulfil your potential*）。杜維克解釋所謂的定型心態，是你相信自身的人格、能力與創造力是固定的。你的人生拿到了什麼牌，就只能打什麼樣的牌局；換句話說，除非天賦異稟、才能出眾，否則你的成就有限，因為基因決定了你是否成功。另一方面，如果擁有成長心態，就是相信自己的能力可以不斷地開發，學會新技能。你不會讓失敗阻止你，反而是把失敗看做學習成長的機會。培養成長心態，能幫助你達成幾乎任何事情。

杜維克主張：「才能和天賦無法決定你成功與否，而是你要達成目標時抱持的是定型或是成長心態。擁有正確的心態，我們不但能鼓勵孩子提高學業成績，同時，無論是個人或事業上，也能達成自身的目標。」面對生活中無可避免的問題和挑戰時，成長心態能幫助你找到解決之道，從犯錯中學習，而不是重蹈覆轍。要在壓力下成長，能否培養出成長心態相當重要，勇於承擔風險，坦然接受失敗只是過程的一部分，這樣一來你才能拿回生活的主導權，追尋更多的經驗、機會，認識更多在追求目標的道路上支持你的人。你的所做所為、你的一言一行，每天都在強化你的心態。最終也決定了別人對你的期望，更重要的是，你對自己有什麼期望。

成長心態：重拾你「作夢的能力」

還記得我大約是在四年前，從巴黎返家的飛機上，第一次讀到《心態致勝》這本書。那時候我獨自旅行，翻閱到書本最後一頁時，苦於身旁無人可分享激勵人心的新發現，而感到沮喪（當時我旁邊的男士正在呼呼大睡，這時候把陌生人搖醒，跟他討論書中如何創造有力心態的概念，可不是什麼好主意）。這本書要求我們去思考自己的職涯道路、人際關係，以及我的育兒方式。這讓我開始反思自己對生活的態度，以及從小到大建立心態的過程。在成長過程中，我總覺得自己彷彿無所不能。這與生俱來對自身能力的自信，或許是因為我身旁有年紀較小的手足，因此我還很小的時候，早早就開始學著要負起一些責任，也或許是我天生如此。我一再看到孩子總是比大人更好奇，他們在探索這個世界、拓展認知邊界時，會提出更多的問題。當我們還小的時候，心態開放得多，不會對自己或對想像力設限。藉由玩耍和假裝，小時候的我們把日常生活中的物體，幻化為完全不同的事物：一根棍子在我們眼中變成了一把劍；紙箱變成一幢房子，甚至一輛賽車；而床單成了用來躲藏的巢穴；沙發變成平衡木。我們還扮演起太空人或深海潛水冒險家。像我兒子就很愛電影《復仇者聯盟》裡超級英雄的故事，會花上好幾個小時和我一起看漫威的漫畫書。我總是告訴他，就算我們無法成為超級英雄，我們仍然可以成為超級人類：因為我們的想像力，正是我們的超能力。

人類意識的想像力，或許正是我們在演化過程中，比其他物種更具優勢的能力。在《鴻溝：我們不同於與其他物種背後的科學》（*The Gap: The Science of What Separates Us from Other Animals*）一書中，心理學家湯瑪斯．蘇登道夫（Thomas Suddendorf）教授首次明確說明，為何人類的心智有別於其他物種，以及這樣的差異如何發生。他解釋，人類的心智之所以獨特，靠的是兩種創新的能力：首先是我們開放式的想像和在不同狀況下反思的能力；以及我們渴望與他人連結的需求，將我們的思想串連起來。有意識地想像，讓我們擁有作夢的能力，玩起角色扮演的遊戲，以及想像出全新的現實。心智導師娜塔莉・潘妮考特—可麗兒（Natalie Pennicott-Collier）把這種能力稱為「心中的小劇場」。她曾經指導世界上最頂尖的運動員如何進行具象的練習，包括一級方程式賽車手，以及英國帕奧參賽隊伍的選手。「一般總說眼見為憑，但假如你**還沒**看見，就請閉上眼睛，想像它。」她這麼告訴我。

但是，這樣的「超能力」通常會隨著我們成長、逐漸了解這個世界後隨之減弱，對於真實與虛幻之間的分界也愈來愈敏銳。對多數人來說，這代表他們更著重在**如何做**，而非「**如果……會如何**」。我們被教導要克制熱情；遺憾的是，許多人長大後，他們的夢想也就只是停留在夢想。

在我小時候，如果不知道該怎麼做某件事，我會試著找出解決的方法，而且通常是以反覆嘗試的手段（多半靠我自己）。我自己學會怎麼騎腳踏車，編髮辮，煮飯，甚至是洗衣機故障時，學會更換插頭的保險絲。也許是因為我從小成長的環境裡，缺少了「一家之主」的緣故吧。我的母親很努力工作，我相信她盡力了，但身為單親媽媽，無法總是母兼父職。在九〇年代，可沒有YouTube教學影片，直到我十三歲，家裡才有網路。不過，如同老一輩常說，有志者事竟成。接下來高科技讓一切變得更便利。回想二〇一二年時，我開始建立個人部落格，邊觀看 YouTube 上的教學影片，邊學習利用最基本的網誌版型架設個人網頁。老實說，當我剛開始我的個人教練業務時，根本還搞不清楚自己在做什麼；我不知道該花多少預算打廣告，該如何管控成本，或如何報稅，最後只能向一位會計師請教。為了觸及比目前二十名客戶還多的潛在客戶，我開始學習拍攝影片，學習剪輯與上傳影片到網路上（而這還是在抖音、GIF Maker這類簡易直播 app 出現前五年的事了）。事後來看，也許就是因為迫不得已，讓我培養出了成長心態。就我記憶所及，我一直在不知不覺中持續訓練自己正向思考的技巧——這都是在閱讀杜維克博士著作之前的事了。不過，這也證實了，我成長時的心態影響了我往後人生勝過他人的能力。它教會我任何人都能夠藉由考慮周詳的行動與反覆練習，改變與發展自己的心智。

我有幸與幾位卓越人士討論過他們的心態，像是曼徹斯特聯足球俱樂部（Manchester United football，簡稱曼聯）的選手克里斯．斯莫林（Chris Smalling）、全球知名 DJ 與電臺主持人崔弗．尼爾森（Trevor Nelson），以及賈桂林．高德（Jacqueline Gold）和班．布朗森

（Ben Branson）等商業先鋒。當然，每個人的情形或有不同——尤其是因為他們的個人性格、成長時所受的教養、所選擇的行業，但這些成就非凡的頂尖人士，都不斷展現出一個共同的特點，那就是成長心態。我曾經和一位運動心理學家兼表現顧問蕾娜．凱斯勒（Lena Kessler）討論過這個共同特質。她曾與眾多運動領域中的優秀年輕運動員共事，包括拳擊、花式溜冰、舉重和冰上曲棍球等運動比賽。我問她，心態會如何影響競賽的表現時，她是這麼解釋的：

> 在一定程度上，你容許你的想法阻礙了自己，但我們也有能力克服負面想法。我們的想法並不代表全部的事實。那只是一個信號，告訴你目前正在發生的事，或是你當下的感受，然而你可以選擇是否聽從。正念是學習關照你的想法，再做出抉擇——我該怎麼做？這想法有助於我面對目前的情況嗎？我們也會有錯誤的信念和虛假的感受，因此質疑這種想法很重要。

這又把我們帶回了我一開始所提出的問題：是什麼因素決定了我們對這個世界的看法與感知？還有，是否有可能重新訓練我們的心智？

學習的七種類型

讀了杜維克的書之後，我開始對於你的心態造就生活一切基礎的論點深信不疑；無論是對於現況的觀點和反應，或在學習新事物、持續進步的能力上，都是如此。我鼓勵讀者在接下來的內容中，花點時間去思考你自己的心態。你多久思考一次，自己的心智和內心的對話是如何影響了你的行為（無論好壞）？你是否任憑你的定型心態在行動？若是如此，該是你做出改變的時候了。要記住，我們的大腦具有可塑性，所以，只要我們有意願，也想做，改變總是有可能的。不過，為了成長，首先該做的是敞開心胸學習；這不是為了追求完美，或達成高不可攀的目標。沒有人是完美的：每個人都有自己的強項與弱點，所以不需要去想什麼完美，而是專注在**進步**。

學習過程中有一個重要的關鍵：回饋。你可以從能信任的人（也許是你的朋友、同事或你的導師）身上獲得誠實而準確的回饋，同時提醒自己，這些回饋對於你邁向目標，是不可或缺的助力。千萬不要把負面回饋當成是對自己的批評，這麼做只會阻礙你的成長；你應該要專注在自身的不足，如此一來才能清楚知道該怎麼做、該向誰請益，才能學習並且改進。記不要害怕開口尋求幫助，當你找不到解答（或是還未找到）時，也不要羞於承認或求援。記住，開口提問並不會凸顯你缺乏某些知識；相反地，提問，反而凸顯了你對學習的迫切渴望。許多成就非凡的人士都擁有一個相同的特點：那就是他們對於學習的投入程度。如同史蒂芬・柯維（Stephen Covey）在他的全球暢銷書《與成功有約：高效能人士的七個習慣》（*The 7 Habits of Highly Effective People*）中提到：「成功的關鍵在於，致力於終身學習。」無論是讀書、參加大師班或尋求指導，那些在自身專業領域中維持領先地位的一〇％菁英，都保有持續學習、精進自身技巧的習慣。

講到學習，得思考幾件事。首先，我們來談談如何獲得技能。問問你自己：想要熟練一項新技能，該怎麼做呢？你能夠在一年之內學會新的外語嗎？半年內可行嗎？還是六個星期？也許你真的辦得到，但你願意花時間學嗎？

記者兼作家麥爾坎・葛拉威爾（Malcolm Gladwell）在《異數：超凡與平凡的界線在哪

裡？》（*Outliers: The Story of Success*）一書中，提出了所謂一萬小時法則，也就是說，想在任何領域達到頂尖水準，需全心投入一萬小時。因此，依葛拉威爾所說，如果你每天花兩小時彈奏樂器，也就是一年合計花了七百二十八小時，那麼你差不多得花上十三．七年才能成為傑出的音樂家；但是，如果每天花八小時練習彈奏樂器，那麼要達到前述的演奏水準，**只需要**大約三．四年（看來我得趕快開始這麼做才行）。是啦！我知道要每天花上整整八小時專心練習，完全沒有讓人想立刻拿起小提琴狂練的吸引力。但我在這裡要你注意的重點是，只要你對某件事投入足夠的時間——無論任何事，你都能夠且必定可以在該領域取得非凡的成就，這無關乎你年齡大小，或是你覺得可能阻礙你的遺傳因素。只要提供適當的環境和足夠的時間刻意練習，我們都有在大多數領域中表現非凡的潛力。提醒自己這一點，就能強化這樣的想法，為建立成長心態，打下良好的基礎。

在過去數十年裡，學習方式有了大幅度的變化，科技與創新的技術，讓尋找新資訊變得比過去更容易了。要說播客、有聲書和YouTube完全改變了我的生活，一點都不誇張。我算是聽覺型的學生，意思是當我用聽的方式學習效果最好。我能夠輕易在腦海中回想起曾聽過的內容，還能複誦得一字一句不差；我記得那些話語聽起來的音質，也記得說話者的談話節奏和音調。也因此，聆聽播客對我來說，遠比閱讀書籍、做筆記，甚至直接觀看示範畫面來得更有效率。認清這樣的事實後，我學習起來更快速，也享受著這樣的過程。另外，我不再因為無法像我妹那樣一週內讀完一本書而自責。

學習類型大致可分為七種，有些人明顯地擁有比較擅長、或是較為偏愛的學習類型，有些人則會混合使用不同類型的學習方式：

聽覺型：
適合以聆聽聲音、說話和音樂來學習。

視覺型：
適合透過觀看圖片、照片和空間感的認知來學習。

口說型：
適合透過口說，閱讀、寫作等方式來學習。

實作型：
適合經由實際操作、模仿動作，以及親手觸摸來學習。
邏輯型：
適合透過解決問題，系統、推理的方式來學習。
社交型：
適合透過與他人一起，或是與團隊協作的方式來學習。
自學型：
適合獨自一人學習或工作。

重要的是，清楚知道哪一種學習類型或學習類型組合最適合你，你會發現，這也可能影響你早年的學習能力。我敢說，如果在求學時，我能透過聽音頻課程自學，成績肯定更好。諷刺的是，對於像我一樣熱愛社交的人來說，與其他人聚會交誼——無論是在一起工作，或是在教室裡上課——反而會阻礙我的注意力和學習力。因為我很容易分心，也很愛講話（真的，教過我的老師應該都沒異議）。

找出你適合哪一種學習類型，也能在發展自己的成長心態時顛覆既有想法，尤其是你對於自己的能力和智商的看法。也許你在學校時成績不突出，因此在你的潛意識中，在日後的人生對自己設限。你不想追求學位，或是從沒想過應徵某些職務，因為在內心深處，你都不相信自己夠聰明。找到新的學習法，可以釋放連你自己都未曾發現的技能與天分。

當有人對你說：「別抱太大的希望」

我學到當責的其中一件事是，我為自己的人生負責。我每一天所做的抉擇，都對我的健康、人際關係、事業、犯的錯、成功或失敗等，有著重大的影響。我不會忽略某些可能有助於我抉擇力的因素，但最終，我為自己的決定負責。閱讀本書的讀者，都各有獨特的情況與經驗，在解決個人細微差異時，並沒有一體適用的方法。還有無數的體系，或多或少都影響著我們——社會階級、性別、種族、文化……例子不勝枚舉。所有因素都可能決定我們做決策、採取行動，以及創造正向改變的能力。想衡量每一種因素提升或制約我們的程度，非常困難，為此，我也經常和自己與其他人爭論。我只能提出個人意見，並提供我在探索「個人當責」這個概念時，所發現的有用想法和思考框架。我希望這些能挑戰你的思維，並令你在生活中採取行動。

回顧我一路走來的旅程，我可以列出不少在別人眼中可能的劣勢。首先，我是女性，因此直接受到性別不平等影響；此外，我是住在英國的有色人種女性，就統計上來看，我的收入應該會比與我能力相近的白人少了約十五％；我沒有任何學位，而且是由低收入的單親媽媽撫養長大。但是，我不讓這些因素限制我，甚至完全沒想過我的成就一定比別人低。我個人的情況，並非我能否成功的原因，僅僅是我**先天的**限定參數。我試著不去跟他人比較我的處境，因為這樣做一點幫助也沒有，更無助於更快達成目標。依我看，你可以專注在過往境遇，或是聚焦在創造更好的未來；你得做抉擇，因為不能兩者都關注。

現在，我要請你問自己：提到個人當責時，**你抱持**什麼心態？當事情的發展不如你預期時，你如何應對？你是先找個替罪羊責怪，還是開誠布公地反省自己的行為，檢討自己應為結果負擔的責任？假如沒有如願晉升，你會找一大堆理由與藉口怪罪到你老闆頭上（像是「我功高震主」或是「他就是討厭我」等等），而不是勇於承擔結果，並尋求未來對你有用的回饋？如果你的父母在你成長過程中，沒有給予你支持與鼓勵，如果他們沒有培養你的愛好，你是否會為了今天的不如意而浪費時間和精力去怪罪他們？還是你會專注在向前看，自問：「我**現在**可以做哪些事？」我敢斷言，我的人生中成就了不少事，不是因為我的先天環境，而是**不理會**才獲得；我不想讓我的過去支配了我的未來。你也不應該如此。這樣思考不太容易，不過，我相信換另一種思維不會更有利。全然負責生活中的一切，非常困難，但實際是能承認、甚至樂於承擔責任，是你在調整與培養當責心態的必要步驟。

我在「全力一小時」的播客節目裡，與許多來賓討論了這樣的想法，其中一位就是前英國橄欖球聯盟球員、《星期日泰晤士報》年度最佳女性運動員得主瑪姬・阿爾馮西（Maggie Alphonsi）。瑪姬一出生就患有馬蹄內翻足，這是一種身體殘疾，她大半個童年都進出醫院，然而她加入英格蘭國家隊並贏得了世界盃。對瑪姬而言，她藉由運動強大她的心態，尤其是提到成功或失敗，以及她稱為「活在挑戰裡」的哲學：

能夠體會到失敗的感覺，其實是件好事。我們非常規避風險，會盡全

力避免失敗。現在，我學會了擁抱失敗。如果我犯了錯，我知道沒關係，因為我會從犯錯中成長並學習。運動或參賽時，有勝有敗，所以你一定要學會如何應對……我總會試著活在挑戰裡，過程中的不舒服都是為了能讓自己輕鬆獲勝。二〇一五年，第一次有機會在英國獨立電視臺擔任男子世界盃橄欖球比賽轉播的解說員，當時第一個念頭是，**有點害羞，我從來沒在電視上講過話，況且還是評論男子橄欖球比賽，所以根本超出我的舒適圈。不過你知道嗎？後來我轉念一想，我可以的。我參與橄欖球賽事很長一段時間，還贏得了世界盃！我又不是評論性別，我只是要評論一項我真的很在行的運動比賽而已**。因此，我一口答應了邀約，跨出了那一步。在第一場比賽轉播中，我非常緊張；到了第二場比賽，我還是很緊張，但這一切很快順利了起來，我也愈來愈自在了。所以我總是試著更進一步挑戰自己。但這不是只做一次，而是每天、每週，我都會試著找到新的方式，讓自己暫時感到不自在，這麼一來，我就能繼續活在挑戰裡。

言語有力量，也能帶來持久的效果。我還記得，當我說想上倫敦，參加一場表演藝術學校三年獎學金的面試時，有位老師對我說：「別抱太大的希望。」我並沒有因為老師的意見，而降低自己能辦得到的期望，我認為，實際上自己更有衝勁了。這種「我會證明你錯了」的態度，若能善加利用，實際上可以非常強大。我抵達倫敦參加面試時，非常緊張（誰不是呢？），但是我心中對自己能拿到獎學金沒有半點懷疑。也許我那時既天真，又有點狂妄。畢竟那時我才十六歲。即使如此，當時我仍然有相當的自知之明——尤其當你發現你不是房間裡最有天分的人，不過，我也知道我會讓面試官印象深刻。在青少年時，我們通常想和別人一樣融入群體生活中，不過，我從來沒有選擇這麼做，因為我是班上唯一的黑人女孩；在我的朋友裡，只有我頂著一個爆炸頭，也是唯一一個把天命真女（Destiny's Child）專輯《The Writing's on the Wall》裡，每一首歌的歌詞背得滾瓜爛熟的女孩（《Say My Name》這首歌尤其經典）。

在學校裡，我並不想顯得特別突出，但我知道如果是面試，這或許會是件好事。我大可在內心告訴自己，我的成長環境（相信我，那真的不怎麼理想）一定會阻礙我的前途。畢竟我可不像房間裡大部分的女孩一樣，花大筆學費學了好幾年的芭蕾；也從未上過歌唱課程，除非跟著惠妮・休斯頓的精選輯從頭跟唱到尾也算的話；況且，我從沒踏進過西區劇院一步。但是，我並沒有劃地自限，而是一直抱持樂觀的心態。我真的相信我應該、也一定能夠被選上。經過二十年後，我站上了TEDx講臺，也成為非常成功的播客主，並出版了書籍，但我仍清楚記得老師對我講的那句話：「別抱太大的希望。」言語具有力量，如果我受她影響，她的評語或許是我不幸的起點。我非但沒有如此，反而在半年後，隻身一人搬到了倫敦，一個才十六歲的女孩，拿著獎學金，進到了多琳・博德表演藝術學院，從此之後，我再也不曾回頭。從學院畢業後一年，我跟著國家級音樂劇巡迴全英國表演，之後又在倫敦著名的西區劇院的音樂劇《We Will Rock You》裡表演兩年之久。我可以很肯定一件事：我絕對不會對別人說「別抱太大的希望」！

我相信一句正面的箴言（就如同瑪姬那一句「活在挑戰裡」），會是非常強大的工具。我自己常常與他人分享，也經常用來反思自身的一句箴言是：「你能克服困難。」如果你覺得這句話太有目的性也不重要，只在於你是否接受。不管你是否準備周全，還是排練多少次，有些事**真的就是靠北難**，而現況多半老是這樣。我發現，承認和樂於接受這點，就是非常掌握自己的命運。你不會只想走捷徑，或尋找撇步讓生活變輕鬆，因為你知道**自己能克服困難**。

我已將這個口號應用在生活裡許多不同的面向，無論大小事，它從未讓我失望。每天早起很困難，跑馬拉松很辛苦，領導很艱難，為人父母很困難，戒掉不健康的習性很艱難，勇敢拒絕可能也很困難。我知道這世上沒有什麼仙丹妙藥，可以馬上讓我把這些事變得簡單，與其假裝這些事總有一天會變得簡單，不如承認，沒錯，事情就是這麼難，但我還是能夠克服。如果可以的話，我希望你也能接受這句口號，實行它，去分享它，大聲說出來，然後真的這麼認為！等到明天一早鬧鐘響起，**你就能克服困難**；有朝一日你需要站上講臺演講時，**你也能克服困難**；如果需要進行艱難的交涉，或是尋求幫助，甚至是得承認自己犯了錯，**你也能克服它！**

找出你的「優先問題」

人類的大腦極其複雜，不過還是有工具、技巧以及日常的練習方法，能讓我們在這一路上學習幫助自己，釋放出自身的所有潛能。腦力訓練專家吉姆・快克（Jim Kwik），同時也是《腦力全開：打破局限信念，加速學習，開啟無限人生新境界》（*Limitless: Upgrade Your Brain,*

Learn Anything Faster, and Unlock Your Exceptional Life）一書的作者，就使用了一種工具，他稱為「關鍵問題」的理論；基本概念是，你要問自己一個能帶你找出特定解答的特定問題。舉例來說，如果問自己：「我為什麼老是無法堅持我的健身計畫？」或是：「如果我工作滿檔，我該如何認識人，展開一段新戀情？」那麼你看待外在世界，以及與他人互動上，就會建立在負面的基礎上。而且問這種問題不會解決問題，只會讓你陷入死胡同。我們知道，有些人永遠看不到事情好的一面，他們只在意別人擁有什麼，堅信自己的生活過得比別人**更苦**；他們覺得自己運氣很背，無法出人頭地，覺得全世界都對不起他們。不管你對他們提出任何建議，他們都會說早就試過，完全行不通的。這樣的態度，反過來影響到他們所做的任何決定，並成為自我實現的預言。他們一開始都說：「我沒辦法。」而缺乏熱情、自信，會讓他們失敗，也代表他們完全相信自己無能為力，等等，直到時間盡頭。好消息是，反之亦然。只要換個方式，問自己**正確的**問題，就能敞開你的心胸，去迎接新的機會與可能性。舉例來說，如果你問自己：「什麼原因讓我無法堅持我的健身計畫？」或是：「我該如何生出更多時間，認識新對象？」帶著這樣的問題去尋找解決方案，而不是去找理由來確認和驗證你的負面模式。

我在播客節目上分享過一個我稱為「早上六點前要回答的六個問題」。這個概念很簡單：當你在清晨醒來，還沒開始你的全力一小時之前，先針對六個簡單的問題，寫下你的回答：

1. 我今天想要擁有什麼樣的動力？
2. 我今天可以向誰學習？
3. 我今天可以幫助誰？
4. 今天的我可以做什麼事，好讓我能在一年之後，更接近理想中的自己？
5. 我今天最期待什麼？
6. 我今天最感謝的是？

每當我在做這個練習時，總是對接下來的一天，感到平靜、專注和樂觀。這個簡單的方法，能讓我的注意力放在對我很重要的事情上，以及這一天中該優先處理哪些事。換句話說，這個練習讓我有了正確的心態：它讓我去思考該如何與別人互動；我該如何應對不同的局勢；以及我該如何呈現最好的自己。現今的世界步調快速，充斥令人分心的事物，每天撥點時間，聚焦自己，非常重要。回答這幾個問題，並不會占用你太多時間。不過，我建議你要把答案「寫」下來——不只是在腦袋裡把答案默默想過一遍而已。實際動手寫答案，能強迫你認真去思考並專注，這對你在幾週或幾個月後，想再回頭看當時你寫的內容，會很有幫助。

為什麼我說，在早上先回答這幾個問題非常重要呢？關於我們大腦學習與保存資訊的能力，快克提出許多相關理論，在他遍布全球的研討會與研究課程上都曾教授過。他解釋，如果你讀完一整頁的文件，再要求你回答關於你所讀的文件內容問題，不如先給你問題，然後再看文件那樣，記住更多的資訊。先看問題再看文字，讓你占優勢，因為閱讀時，你已經知道該找哪些解答。我想，這同樣也能應用在我的晨間六提問。每天第一件事，我將注意力放在問題上，所以，接下來一整天，我的大腦會留心尋找我所寫下的答案。也就是說，我的大腦會持續找出強化正向心態的方法。如果換成在晚上就寢前回答這六道問題，像是一天的自我反省，效果會不會一樣好呢？雖然，我相信這麼做，一定也有某種程度的價值，不過，如果拖到晚上，等於你只是回顧而不是往前看。無論好或壞，都無法改變已經發生的事了。最好讓每天一開始，就讓你的心智在最佳狀態，並依你的意願持續進行。我們都聽過一句話：「勤問必有所得。」所以不要害怕提問：問你所想，多問一點，尋求幫助，**問就對了**。

如果想製作你的關鍵問題列表，可寫下各種不同的選項，看看哪些最吸引你。這些問題能為你帶來最多的價值。例如，我最喜歡回答的一個問題是：「我今天最期待什麼？」我的回答可能是兒子放學後的田徑訓練，或是在播客上採訪新來賓，或者，有時也可能只是很簡單地，清晨慢跑完，來一塊塗上果醬的熱可頌早餐。我之所以偏愛這一題，是因為它促使我每天尋找樂趣，並能體會，不管生活如何忙碌或充滿挑戰，總有一些值得期待的事。

以下是一些可以參考的範例：

- ▼ 我該如何讓今天值得紀念？
- ▼ 我今天可以做些什麼來減輕壓力和擔憂？
- ▼ 今天有誰會很高與收到我的消息呢？

▼ 我今天能怎麼做讓我變得更健康呢？
▼ 有什麼事是我之前暫時擱置，但可以在今天完成的呢？
▼ 我可以讓今天變得更有趣嗎？
▼ 我今天應該要向誰說聲謝謝呢？

記住，要確保你的問題能強化你的成長心態。把「為什麼我不能……」的問句換成「我該如何……」。

改變永不嫌晚

無論我們喜歡與否，我們生活中的一切總是持續變化。事實上，唯一不變的事就是改變。打從我第一次在公眾面前演講、主持播客節目之後，人們最常告訴我的一件事就是，他們覺得要改變已經太晚了。你都已經在某個領域工作十年，忽然想改行，不嫌太晚了嗎？你都結婚，有了小孩，這時才承認過得不快樂，不覺得太晚了嗎？假如你長大後，對於各種健身練習都避之唯恐不急，怎麼可能成為跑者，並讓身體變得更健康呢？我一再聽到類似的現況，形式上或有不同，或是以不同的面貌呈現，然而，我所遇見的許多人都因已經太遲了的想法而退縮。然而，我仍然很著迷於我們總是可以持續適應和成長的想法。身為一名教練，我曾見過許多意想不到的心態轉換，我也看過人們學習，如何改善自身的習慣、行為和核心信念。我真的相信，無論現在你身在何處，一定都擁有改變的潛力。

一九二〇年代以前，科學家相信人類大腦的迴路是固定的，一旦過了青少年時期，大腦就再也無法發展出新的模式。因此，隨著年齡漸長，認知功能會下降。聽起來很不妙，對吧？好消息是，在二十世紀，心理學家和神經科學家做了許多試驗，最終得出了這說法不是事實的結論。我們的大腦是個複雜的器官，對刺激、環境、生活方式和飲食的變化，反應非常迅速。「神經可塑性」（neuroplasticity）這個專有名詞，用來形容大腦適應與改變的能力——由於新的經驗，而持續創造出新的神經連結和神經迴路的能力。精神科醫師作家諾曼・多吉（Norman Doidge）在闡述神經可塑性研究先鋒之一，麥可・梅日尼奇（Michael

Merzenich）博士的研究工作時，這樣解釋：「人類從出生到死亡都保有可塑性；和……認知功能的根本改善——我們如何學習、思考、感知和記憶——即使是老年人都可能保有。」換言之，我的核心信念：「**永不嫌晚**」，現在有了科學證明。

改變想法也沒關係。改變想法不表示失敗。你可以有一個最初百分百認為正確的點子或計畫，只是後來發現，並不是個好主意。只因為很久以前你做了個決定，就固守一個想法或心態，是定型心態起作用。當時適合你的，現在未必適合，此時重新思考或調整計畫是可行的。這個社會通常鼓勵我們，選定並堅持，特別是在職涯方面。一直以來，我們被教導要專注在特定的領域中，並努力精進，因為這是我們如何成為「專家」的途徑。這種按部就班地教育和學習，還有接續的實踐與應用，長久以來，被視為成功的公式。努力向上，管好你自己，專注在一件事情上，並把它從裡到外完全摸熟；雖然可能正好適合你，但這不是成功的唯一方法。對你來說，是不是一條最好的路，值得深思，而對我來說，肯定不是我要走的路。現代世界持續以飛快的速度變化，無論是科技、數位創新、社群媒體以及現代化工業，而這也表示，一旦我們選擇安於現狀，很快就會跟不上時代。

一談到改變你的職涯想法時，那些抱持定型心態的人會認為你要不是瘋了，就是三心兩意。腦中立刻浮出「萬事通，樣樣鬆」這樣的批評。你或許也聽過一種說法，如果個人履歷上列出太多不同種類的工作經歷，反而會降低你受青睞的機會，還顯得你對潛在雇主沒有忠誠度。我個人認為，這種論點早已是過時心態的產物，現在也正在轉變。換成是成長心態的人會這麼想：**這個人擁有多項技能——他從各方面獲得各種經驗**。「在科技與人工智慧變得愈來愈自動化的世界中，我們的創造力、情商，以及其他軟實力，讓人類變得強大和有關連。」Welltodo Global的創辦人、企業顧問羅倫・亞美斯（Lauren Armes）也同意：「我們藉由豐富多樣的生活經驗，勇於嘗試新事物，學會這些技能。而這些都帶給我們多樣化的職涯道路。」新一代的工作環境，將會非常需要且歡迎這些事物，此外，未來的職場環境裡，死板的職稱和職務內容，變得愈來愈多餘。我們更重視實際技能，並因我們能靈活地做出成績而獲得獎勵。新創公司尤其需要這類型的人——他們可以從不同的觀點，處理多個專案。

在有機會弄清楚自己真正喜歡什麼，還有你的強項、弱點、創意思考及核心價值觀是什麼以前，你可能就被迫選擇了某種職業。然而，這些都決定了你從職務或工作環境中獲得的成就感。不過，當你想改變職涯跑道或生活方式，甚至是人際關係時——無論改變是巨大還是微小的——都需要很大的勇氣，先深呼吸，並記住：**你可以克服困難**。

如果讓我回顧十年前的自己，在許多方面，肯定都不一樣了。這段時間裡，我學到非常多東西，也希望能繼續保持下去。如果有人對我說，我改變了很多，我的回應永遠是：「謝謝！」身為擁有成長心態的人，我知道即使是我的基本核心價值觀和信念，也絕非一成不變，儘管有時我還希望它們能固定。千萬不要把「你變了」視為一種冒犯，畢竟人要完全保持不變非常困難，維持現狀也沒幫助。培養成長心態，是能讓自己進步的方式，不要低估了你未來能改變的潛力。而在尋找新的、更適合自己的道路時，一路曲折並不壞。事實上，我相信這樣的過程是許多成功人士的共通處；很少有人的成功路一路直行順暢。多數人被認為「成功了」之前，都經歷過許多事。每一次的繞道、彎道或轉彎，都提供你寶貴的經驗，讓你進入下一個階段。無論經驗是好是壞，永遠不會白費，即便是失敗也有收穫。

許多職業運動員或知名音樂家，在他們職業生涯初期，多半會有一段所謂的「取樣期」（sampling time）。儘管人們可能很快就會忽略了，他們將早期的某些技巧，轉換到另一個領域。以羅傑·費德勒（Roger Federer）為例，在他全心投入網球運動之前，有過非常豐富的經歷；但遠不如老虎伍茲（Tiger Woods）兩歲前就拿起高爾夫球桿的著名故事那樣廣為人知（網路上有許多他在四歲時，就以不可思議的準度打高爾夫球的影片）。伍茲的父親很早就說，他的兒子一定會成為全世界最偉大的高爾夫球選手。一點都不意外，老虎伍茲全心投入這項運動，二十一歲就取得世界排名第一的榮耀；這也是葛拉威爾一萬個小時法則的完美例證，示範了在單一目標全力以赴時，所能獲得的好處。相較之下，在瑞士長大的費德勒，原本是個狂熱的足球迷，而他把網球生涯的輝煌成就，很大一部分歸功於兒時所從事的多種運動項目，包括游泳、羽毛球和籃球。他八歲時，第一次拿起網球拍。當然，起步算早。但主要的差異是，他在成長的過程中，仍然持續玩多項運動，而不是只專攻一項運動。他沒有被迫選一項運動，而是被鼓勵嘗試不同的運動。

就算你不是天才兒童，可能還是會被問到，長大後想做什麼。但是，我們怎能期望一個八歲大的小孩，做出能確定他們往後職業道路的決定呢？對多數人而言，找尋他們真正的熱情需要時間，也需要允許去嘗試不同的事物，並且知道日後他們能改變心意，自由做決定。

你或許會問：「我要是決定改變，是否會影響我生命中的其他人？」比如說，素食主義者的飲食或生活方式，會影響到與你同住的人嗎？你會錯失許多與朋友的社交往來，或是成為每次聚會時都得自帶甜點的人呢？當別人問起你為什麼要做出這樣的改變時，你會怎麼回答呢？我得承認，自己相當在意別人對我做出改變的決定有何反應，這是我過去努力想克服的事。人們老是一派輕鬆地說：「別在意他人的想法！不用理會他們！」有時候我還真的希望能聽進去，但事實上，我超級在意自己的行為會如何影響其他人，而且我也很在意（或許有點在意過頭了）別人對於我的想法。就像我在寫這本書時，很害怕自己必須為寫下的隻字片語負起責任，深怕有人誤解了我的話，甚至對我做出批評。所以我必須努力相信自己，找到勇氣與全世界分享自己的看法。我必須不斷地提醒自己：**艾德莉安，不要擔心別人的目光，妳寫這本書的目的非常明確，而且妳對目標的信念非常堅定。**因此，無論你打算去攀爬吉力馬札羅山，還是想回到校園裡學習如何寫電腦程式，只要記住你為何決定做出這個改變，然後秉持初衷，繼續追尋你所熱愛的事物。

從今天開始

布蘭登．史坦頓（Brandon Stanton）原本是一位債券交易員，但是他在二〇一〇年的金融危機中丟了他的工作。在一次國家廣播公司（CNBC）的訪談中，他說：「在做交易員時，我所學到最重要的兩個教訓，就是承擔風險，並對虧損和挫折感到自在，這能幫助你繼續前進。」正是這樣的心態，讓布蘭登開創出一條全新的職涯道路；就在他失業，只能睡在充氣床墊上時，他開始上網分享他拍攝的人像照。他攝影的經驗並不多，一開始也只是一項純興趣的計畫，他稱之為「紐約人」（Humans of New York）。但他的攝影作品大受歡迎，而紐約人的Instagram頁面，如今也成了他分享照片及他所聽聞真實生活故事的平臺，並擁有超過一千萬人追蹤。他出了書，現在也以攝影師的身分走訪世界各地。

對剛失業的人來說，其實很難馬上知道接下來該做什麼，而像布蘭登這樣的故事，似乎也不是特別有幫助。一旦失去收入，會遇上一些很現實的問題，而且是貨真價實的問題，不是置之不理，只看好的一面就能輕鬆解決的。失業背後還有許多其他的含意，它衝擊你對自身的評價，並真正打擊了你的信心。我們多少都有一些個人特質，與自己從事的工作有關連，所以我很懷疑，失業了，你會覺得開心，還能馬上慶祝解脫了；但是，它也確實可以成為迫使你做出必要改變的催化劑，否則你可能不會改變。你評估完所有的選項，會發現自己別無選擇，只能採取行動：要不下沉，要不游過去。擁有成長心態，你會嘗試能做出更好改變的方法，把原本認為的失敗，轉化為機會。

被暱稱為「鋼鐵牛仔」的極限耐力運動員詹姆斯・勞倫斯（James Lawrence）就認為，每個人都應該在人生的某個階段，經歷瞬間跌落谷底的感受；詹姆斯說，唯有如此，才會真的逼你好好檢視自己的人生，並做出必要的改變。我不確定是否完全同意詹姆斯的觀點，畢竟我不想看到任何人遭遇不幸，但我能理解他想表達的意思。事實上，當你跌落人生谷底時，已經沒有什麼可失去的了，也就是說，你不再害怕可能發生的事；而對我們多數人來說，是恐懼阻止我們改變。以前我曾經自問，如果我不再害怕失敗，或者其他人的意見、判斷和批評，我會怎麼做呢？假如你最害怕的事情已經發生了，怎麼辦？別讓自己陷入癱瘓。想了解自己的心態，就真正了解恐懼與你的關連。恐懼常讓我們停滯不前，也會阻礙你發揮所有的潛能。

卡爾・洛可（Karl Lokko）就是個對恐懼和改變全然不陌生的人，他很了不起，現在是我的朋友。卡爾稱呼自己「前毛毛蟲」，可參考他在TEDx演講時的開場白（這部影片目前已經有超過十萬人觀看了），當時他在臺上朗讀一首關於他如何從毛毛蟲蛻變成蝴蝶的自傳詩。卡爾是前黑幫老大，在倫敦幫派聚集地邁亞特菲爾茲長大，十二歲第一次目睹槍擊。稍大些，他遭槍擊、刺傷、臉被割傷，以及親眼目睹同伴遭行刑式槍殺。卡爾告訴我，他看過校友的父親，只為了一片五十英磅的PlayStation遊戲片，被刀捅死。少年時期的他，似乎只有兩條路可以選：坐牢或死亡。直到一位牧師與教堂的反青少年暴力計畫介入，卡爾才脫離幫派，人生徹底轉變。如今，卡爾如今是慈善機構Youth In Action義工，也是詩人及成功的公眾演說家。幾年前，他成為薩塞克斯公爵哈利王子的顧問。他致力於改革幫派文化，並爭取社會正義，同時與企業家理查．布蘭森[1]一起為慈善機關募款數十萬美元。

為了徹底大轉變，卡爾必須做出個人犧牲，放棄他的舊生活、舊行為，甚至是以前的朋友。對任何人來說，這都不是件容易的事。為此，他刻意營造了日常儀式，好比閱讀、禱告和斷食，用來打破他以往的舊循環。對他來說，斷食是刻意為之，是為了練習紀律。

「我做了個決定，下定決心改變。這不僅是吃不吃東西的問題；光只是不吃不喝，就只是飢餓而已。所以，對我來說，飢餓感不是重點，而是為了斷食，我也必須覺察。這是為了感受上帝的刻意選擇。」

1 英國維珍航空創辦人，以熱愛冒險著名。

他也變得貪婪地學習，來增進詞彙量和表達能力，同時，他也開始每週與新認識的企業領袖與具社會影響力的人，進行一對一午餐會議尋求指導。也就是說，他開始同時鍛鍊他的身體和頭腦。和許多人一樣，在這個過程中，他發展出一個晨間慣例：

「整整一年，我每天清晨四點就起床，這是我的動力。我每天早上一醒來會先祈禱。這種寧靜感是五點時沒有的，相信我，我試過，在五點到六點都找不到。清晨四點，世界依然寂靜，路上沒有行車，鄰居家的電視也關著，這時候很冷。這所有的一切，對我來說，是一段非常平靜和靈性的時光。接著到了五點，我會閱讀一小時，這讓我深受啟發，也渴求更多啟發，這時我會上網看TED的演講。最後，寫下我在這一天的計畫。」

他開始不斷追尋卓越，每一個正向的改變，都帶來另一個正向的改變，另一個，再一個。卡爾好學和提問，最終讓他走上一條新軌道，在這條軌道，他擁有無限心態。

我在播客上訪談卡爾時，他形容改變的過程極為痛苦，痛苦程度和生小孩差不多。我們之所以抗拒改變，正因為它很困難，而且讓人不舒服；但以卡爾的經歷為例，暫時的痛苦另一方面所帶來的回報，難以衡量。卡爾的故事太不可思議，聽他談起過往經歷時，讓我起了雞皮疙瘩。他很會說話，談話時充滿了信念和赤裸裸的真實。卡爾正是「永遠不會太遲」的活生生實例。你的起點，並不代表你的終點。從轉換和改變你的心態開始，沒人能預期會對你的人生造成什麼樣的影響。事實上，只有一種方法能夠知道答案。改變造成的結果有無數的可能性和潛在結果，你只能下定決心採取行動，開始改變。

談到培養成長心態，你要先從誠實評估自身現況做起，同時問自己，是否相信改變是有可能的。在回答之前，仔細思考你的決定——是或否——**都會成真**。無論是否值得，我寧願試過而失敗，也不願日後回想，若當時……**會如何？**我的人生只活一次，所以我必須追尋那些遠大的目標。我應該為自己去追尋熱情：不能等到孩子長大了，或賺多點錢，或隱約覺得「是時候了」。這沒有完美的時間點，甚至我不會等到明天——因為通常，明天復明天。擺脫負面及定型心態，並轉化為成長，具可能性和豐盈的心態。從今天開始，就創造你喜愛的人生。

The words
we say to
ourselves
are important;
the words we say
about ourselves
even more so.

對自己說什麼話很重要，
但會用什麼話來形容自己
是更重要

第2章

如何養成強大的習慣

How to create powerful habits

人天生會養成習慣。我們通常會把這些習慣區分為「好」或「壞」的習慣；但我喜歡把習慣區分成「有用的」和「無用的」。**有用的習慣**，是指某些行動或行為，重覆一段時間，長久下來就能得到你想要的結果；另一方面，**無用的習慣**不能幫助你實現長期目標，只能給你立即的成果或短期獎勵。

舉例來說，假如你已決定早起，並在上班前上瑜珈課。很好，你有個比平常更早起的明確理由：你也知道在早上做些運動，可以讓上班時有更好的心情，也更有活力。接著，時間快轉來到早上五點半，此時鬧鐘響起，你伸出手按掉鬧鐘。臥室仍然昏暗而且寒冷，你不但沒有起床，反而往溫暖的鵝絨被裡鑽得更深！你發誓，晚上會去上瑜珈課。或者明天再說也行，**沒什麼大不了的，就一天而已，所以真的不要緊，你告訴自己**。再加上，你覺得很累，所以你正好需要在床上多睡一小時。沒錯，繼續賴在床上比較好，可能還因為決定這麼做而感到高興。但是，過了十二個小時，辛苦工作一整天後，手上仍有十多個待辦事項，整個人像是被剝了一層皮似地疲憊不堪，根本沒心情上瑜珈課。這樣日復一日地循環下去，不知不覺又過了一個月，而你依然沒踏上瑜珈墊一步。是不是有似曾相識的感覺？

為什麼我們經常陷入選擇無用習慣的模式，很顯而易見。我們總是優先考量**當下的感

受，而非**未來**的感受。我經常被問這個問題：「如何傾聽自己的身體並自我疼惜呢？」而我的回應也反映出相同的觀點：你是否為了要馬上疼惜自己，而屈服於當下的欲望？或者會選擇更困難的選項，去疼惜未來的你呢？相同的傾向也通常能適用在我們的許多選擇上：像是選擇含糖速食，而不是準備健康的點心；又或是在回覆收到的邀請時回答「或許可以」，而非果斷回答「不克前往」。（有多少次，你出於責任而對邀約回覆「或許可以」，結果到了活動當天才開始後悔呢？**給你自己一個忠告：別再這麼做了**）。大部分無用的習慣，通常是我們過去遇到問題時的固定解決方式：像是餓了，就吃點心；無聊，就看手機；有壓力時，喝一杯酒舒壓等等，你瞭的。像是「討人嫌的習慣」或「壞習慣」這樣的詞彙，暗示了重覆做某些事是不好的事——不過，習慣同樣也能帶來相同的好處。當我在開車或坐火車通勤時，會聽有聲書。這已經變成自然而然的行為；每當我一坐下，就會馬上拿起耳機；也就是說，我將學習變成習慣。重要的是記住：無論你幾星期、幾個月甚至幾年以來，一直重覆不斷同樣的無用習慣，都還是有可能以新的、更好且更有用的習慣來替代。

接著，是我稱之為「強大的習慣」。簡單來說，強大的習慣會比一般所謂「正常的」習慣，帶來更大的影響；他們會對於你生活中某些面向產生連鎖反應：行動本身可能很小，卻可能是一長串西洋骨牌中第一個倒下的。強大的習慣會影響你下一個決定，然後下一個，再下一個。我們的許多習慣都會產生向前的螺旋效應，無論好或壞；但強大的習慣則會產生難以估計的影響。以我個人來說，養成強大的習慣，為我帶來太大的好處。我的人生沒有搶先一步，也從來沒有通往終點的快速成功之路。電梯向來不是我的選擇——我一直是走樓梯。在我生活中的各個領域，無論是訓練自己成為一名專業舞者，或是經營播客聽眾，所有一切的進展都是穩定而緩慢的。老實說，我並未擁有任何過人的天分或技巧，但真要說有什麼肯定的事，那就是我很能夠持之以恆。我會一遍又一遍地重覆練習相同的事，也就是養成強大的習慣——請你相信我，假以時日，小小涓流也能變成奔騰大河。

建立一個讓你達成目標的習慣

過去六十年間，科學家和心理學家在理解行為改變和習慣養成方面，有了重大的進展。在《為什麼我們這樣生活，那樣工作？》(*The Power of Habit: Why We Do What We Do in Life and Business*）一書中，作者查爾斯・杜希格（Charles Duhigg）推廣了「習慣迴路」理論：以三步翳循環解釋人在習慣養成的過程中，大腦中究竟發生了什麼事。首先是提示，觸發反應；然後，我們的回應會變成慣常行為，這可能是身體的、精神或情緒的。最後，是立即獎賞。而我們的大腦會記住這個迴路，當我們下次再收到相同的提示時，就會因習慣而重覆。杜希格以看到一盤餅乾的回應為例：

提示：

有人手上端著一盤餅乾走進辦公室，請你吃一塊餅乾。

回應：

「好啊，為什麼不呢？」餅乾非常好吃，同時也讓你把注意力暫時從電腦螢幕上轉移開來。

獎賞：

在你吃餅乾與朋友聊天時，你的精神亢奮，並短暫上癮。

理論上，你的大腦會記住這種正面的獎賞，因此未來出現相同的提示時——一盤餅乾，你的反應也會一樣：吃餅乾。

而最近，《原子習慣》（*Atomic Habits: An Easy & Proven Way to Build Good Habits & Break Bad Ones*）作者詹姆斯．克利爾（James Clear）建議在中間還有一個步驟；克利爾發現，有時相同的提示未必會觸發完全相同的回應。我們會依照當時的心情、情緒狀態和周遭環境，做出不同的反應。再次以餅乾為例，假設你才剛看完牙醫，而在檢查牙齒時，她建議你要減少飲食中的糖分攝取。因此，下一回一盤餅乾又出現在辦公室時，一開始或許會受到誘惑，但想起牙醫的建議，便謝絕餅乾。提示相同，但這次你的反應卻截然不同。過了一個禮拜，再次遞給你一盤餅乾時，也許會坦然接受——畢竟，只不過是一塊餅乾。換句話說，回應並不一致。

如同世事變幻莫測，我們的行為亦是如此，這也是為什麼要改變我們的行為如此困難。我們不是電腦，很難把某一固定的模式完全刪除，再複製貼上另一個新的模式（至少目前沒辦法）。我們每天所經歷的事物異常的複雜微妙，疲憊與壓力和情緒，都會對我們當下的決策產生影響。雖然改變行為模式很難，但這不代表不可能，當然不表示不值一試。這也是為什麼我認為擁有一個專注的目標非常重要；一旦我們清楚目標為何，就知道自己哪一個習慣能幫助我們去達成目標。不過很抱歉我得這麼說，這通常**不是**能夠立刻給你獎賞的習慣，而是要長期後才能受益的習慣。舉例來說，如果想要每天早起，那麼養成每天晚上十點就寢，會是個好習慣。當然你未必總想這麼做，特別是當你在晚上九點五十五分，才剛把《冰與火之歌：權力遊戲》看到一半的時候；如果此時關掉電視去睡覺，你不會立刻得到獎賞，但我保證，當隔天清晨鬧鐘響起時，你會慶幸自己做了正確的決定。

換句話說，從長遠來看，做困難的事對你會比較有利；因此要避免選輕鬆選項的衝動。在現在事事講求快速效率、所有服務都要即時的世界裡，充斥許多走捷徑的誘惑；透過「一鍵下單」購買，讓「先買後付」文化變得更容易，而且它也很快地誘使你養成不良的消費習慣。我們渴望立刻擁有新款手機或鞋子的即時獎賞，即使我們根本付不起。用信用購物和鼓勵借貸是一種可能導致嚴重後果的習慣，這是另一個小事如何不斷累積的例子。在這裡如果能延遲滿足，就能得到很不一樣的結果。如同麥斯威爾·馬茨博士（Maxwell Maltz）的解釋：「為了能在未來享有更大回報，訓練自己在短期內延遲滿足的能力，是邁向成功不可或缺的必要條件。」

關於習慣的養成，很多人第一個會問的問題是：「要養成新的習慣，需要花費多久時間？」大多數人會想先知道，在新的承諾變成自動化和習以為常以前，得花多久時間思考、投入多少精力和毅力。遺憾的是，這並沒有定論。有些人表示要建立新的習慣，至少需要五天，但也有人認為至少要花上三十天；甚至還有人提出所謂的神奇數字：九十天。我閱讀了所有不同觀點的結論後，所得出的結論是，該花多久的時間，就花多久的時間。畢竟，習慣和行為非常複雜，且相當個人的，實在沒有一體適用的定論。有人喜歡依循慣例和清晰的架構來行事，也有人偏愛依照直覺，保留彈性空間應對；還有人可以只先吃一半的巧克力布朗尼，剩下的一半「留著之後再吃」（令我震驚，這真的是異類中的異類，少數中的少數）。

我是那種要不就把整塊布朗尼吃光光，要不就完全不要去碰的那種人；而我在生活中做任何事，要不就是百分之百全力以赴，要不就完全不會去做。就某方面來說，這算是一種祝福，因為這樣的習性讓我有自制力，也讓我總是能在時限內完成工作；就算要培養自己沒那麼喜歡的習慣時，只要確定以長遠結果來看，它有利於自己的話，我就能化身為機器人規律執行。舉一個很小的例子，在幾年前我下定決心，只要是站上電扶梯，就絕不會呆站著，而是一路走到頂；想想看我幾乎都在倫敦工作，常需要搭地下鐵到城市的另一端去開會或辦事情，所以多的是機會來練習這樣的習慣。我將這件事視為是沒得商量、也不能妥協：不管當時是否一天快結束，我已經很累了，還是我拖著沉重的包包（或一次提三個袋子），或是腳上穿著高跟鞋時，都一樣用走的。你也許會想，**這有什麼大不了？不過就是電扶梯而已！**假設我平均一個電扶梯要走六十步，每天要走四次，每星期得要走五天，那麼一年下來，我就走了六萬兩千四百步，換算成距離大約是四十四公里！這比一場馬拉松比賽的距離還長！儘管這只是日常生活中的小習慣，但小習慣是會累積的，千萬不要忽視它們；而日常的習慣，對於日常生活的影響程度，遠遠超乎你的想像。

鍛鍊你的意志力

我們每一天都面對著數以千計的選擇。這個世界提供給人們的選項太多了，即便是買一杯咖啡這種小事，都可能需要你先回答十六個不同的問題：你要多大杯？要哪一種牛奶？無咖啡因的嗎？內用還是外帶？是否自備杯子？想不想配一塊可頌呢？需要加份濃縮嗎？咖啡需要燙一點嗎？有沒有會員卡？付現還是刷卡？請問貴姓？你是否願意捐出部分咖啡費用給回收餐巾的慈善團體呢？

「哦！不好意思，能不能再重覆一次？我還沒決定要不要配一塊可頌。」

不管你是否察覺，像這樣一直做選擇的戲碼，每天都在上演。我們根本不可能單獨思考並仔細評估每個選擇，這時，就得靠我們的習慣來運作了。就像一早起床，你不是**決定**要刷牙，而是直接這麼做，完全是自動自發的行為。

很不幸地，並不是所有的習慣都像早上起床刷牙這麼簡單。像職業運動選手，會花上好幾個小時，重覆做同樣的訓練和技巧練習，**在場外**練習特定動作，這樣**在場上**時就能自動地完成。由於在比賽進行時，需要考慮應付的變數太多了，以網球選手為例，當他們準備接對手的發球時，不可能考慮回擊時的所有細節，像是何時向前邁步、轉臂該轉多少、網球拍的擊球角度、視線該落在哪，甚至是呼吸的節奏等等。這些微小但必要的決定，全都得在不到一秒的時間內做出來。因此他們會花好幾個小時練習，所以他們的臨場反應來自於重複創造身體記憶的結果。同樣地，如果想讓一個新的習慣變成不假思索的，首先，你必須練習，這當然需要付出努力，刻意的行動，和一開始的意志力。

我一向覺得「意志力」這個概念很吸引我。當我想到某些極地馬拉松選手在世界上極為險惡的地形瘋狂跑完全程，過程中所要忍受的事情，這不禁讓我思考，究竟意志力**是什麼**。運動科學家和營養學家，可以去測量運動員的血液含氧量，測量他們的儲備心率（heart rate reserve），用來計算熱量的消耗，藉此預測運動員可能的潛在「極限」在哪裡，但沒有科學家能夠量化一個人的意志。有人會稱之為「恆毅力」或是「決心」，但不管這難以捉摸的意志力是什麼，我想知道的是：為何有些人比起他人更有毅力？而我們又該如何增強意志力呢？

當我詢問執業心理學家費歐娜・穆登（Fiona Murden），想了解意志力背後的科學解釋時，她說那就像是人的肌肉。她解釋，就像我們訓練肌肉，讓它變得更強壯一樣，我們也可以藉由訓練增強意志力。如果想要增加肌肉的大小，就需要給它施加阻力；如果想訓練意志力，道理也是一樣的。那麼該如何增加阻力呢？嗯，你可以先從一些簡單的事開始做起，像是說髒話。可以試著挑戰自己整個星期不講髒話，每當你覺得自己真的忍不住又想飆髒話時，忍下來。如果你需要明顯的激勵效果，就用設置一個講髒話存錢筒的老方法，每講一次髒話就往筒內丟一英鎊（這些錢必須捐給慈善機構，或在週末給你的孩子當成零用錢）。這個練習的重點，不在於講髒話這件事，而是透過簡單的方法抵抗你原本的自然反應或習慣，來鍛鍊你的意志力。

而如同肌肉，如果意志力使用得愈頻繁，就愈容易疲乏。這也是為什麼當你一開始要對某件事說「不」很容易，但等到第三次或第四次時，可能又開始禁不起誘惑了。許多父母都很明白這一點（很多三歲小孩也知道）。因此，如果好消息是我們都能獲得更多的意志力，那麼壞消息就是，我們同樣需要付出相當的努力。費歐娜建議，一旦你決定要培養新的有用習慣時，就必須百分之百的投入，讓它變成是沒有妥協餘地的事（就像我避免搭手扶梯），從根本上排除任何選擇或決策的因素。如果你每天都持續重覆做同一件事，那麼這件事變成自動自發的反應，只不過是遲早的問題；但前提是你願意去做，而且去克服一開始的困難。

假如動機與紀律只是習慣養成的一部分，那麼剩餘的部分又是什麼呢？大部分的人需要的是問責。我最近才發現，真的有「問責教練」。也就是你付錢給某人——我要特別說是一大筆錢——讓他在一整天裡多次檢查，以確保你確實依照自己的承諾去執行該做的事（我不知道哪一件事比較困擾我：知道有人把錢花在這種事情上，還是居然有人真的收錢去做這種事）。你傳照片給教練：像是健身後的自拍，用餐照等等。相對地，問責教練會回訊給你，鼓勵和讚美你的努力。如果你覺得這樣的服務其實還滿吸引你的，請容許我小小提醒你一下，你老媽一定很樂意為你做這些事，而且，還是完全免費的喲！好吧，我承認我一部分是開玩笑的（老媽很可怕），不過我發現問責教練的概念很有問題，特別是這樣的安排，可能會引發鍛鍊和飲食之間潛在的有害關係。我個人認為，如果你認為得把你當成小孩子一樣，非得要有人隨時盯著你，幫你確認，等於是害了你自己，從長遠來看，對你一點好處也沒有。掌控自己的選擇，避免想要把責任推給別人的誘惑。付錢給別人，讓他盯著你去做例行公事，基本上是將責任感外包，跳過了大部分的流程。自己學會建立一個慣例並堅持下去，才是最重要的。難不成你要成就任何事，都永遠付錢請教練嗎？如果不打算這麼做，在沒人監督的情況下，你如何持續新慣例或開始另一個？你必須相信自己，相信自己一定有能力做出最好的決定；展現自己的能力，並獨立完成。這是你自己的人生，不是別人的。

那麼，換成是問責夥伴呢？也就是找一位能夠加強你動機，幫助你保持在正軌上的朋友呢？如果你覺得這個想法挺不賴的，那我建議你乾脆顛覆這個想法，不如你去當別人的問責夥伴吧？與其讓朋友幫助你建立新的日常習慣，確保能夠達標，為什麼不找同樣需要別人鼓勵，甚至需要人引導他們的朋友呢？引領他們，也是引領自己的好方法——為別人服務，永遠是一件好事。

你每天都說哪些話？

強大的習慣可以有很多種的形式，有些習慣所產生的影響也大於別的習慣。一個會讓人留下持久印象的強大習慣就是，留意自己最常用的言詞。言語是有力量的！你大聲說出來的言語就如何是一種宣言，無論它**是否爲眞**，這樣的宣言會把你引向兩個方向其中之一。

想像一下，當你一早到達工作地點，然後跟你在同一個小組的同事走過來，問你：「哈囉！今天好嗎？」此刻你會有什麼反應？或者你去學校接小孩、每天下班後與夥伴打招呼，你會說的第一句話是什麼？可曾想過你的言語和回應的力量嗎？還是你習慣一而再，再而三，重覆相同的回答：

「你好嗎？」

「我很好。」「我很累。」「我有夠忙的！」「我壓力很大！」

你選擇說出口的話，會影響到你的心情、你的行動，以及你的習慣。如果你本能的反應是你很累、壓力很大或非常忙，那麼能夠意識到這一點，並問自己原因是很重要的。你真的每天都非常累嗎？你真的一直都很有壓力嗎？你真的隨時都處在超忙的狀態嗎？假如答案是肯定的，那麼接下來問自己：這樣下去會有什麼後果呢？你真的能一直過這樣的生活嗎？你可以做什麼去改變它？不過，事實上這些回答多半並不準確，通常這只是你沒有經過思考就脫口而出。如果是這樣的話，那麼就把它當成你第一個要改變的習慣。因為每天都宣稱自己很累、壓力很大，會影響你的決定和行為。你總是「太累了」，無法去健身，覺得「壓力太大」要請假，因此把自己困在自己的敘述裡。

記住這一點，下回再有人問你怎麼樣時，我要你停下來，想清楚自己的答案，而不是依照過往的習慣脫口而出。你可以試著以正面的答案做出回應開始，接著更進一步，詢問**對方**一個正面的問題；我最喜歡問對方的一個問題是：「你這星期最期待什麼事呢？」或是，「現在最讓你感到興奮的是什麼事？」對父母親來說，這也是和小孩建立良好關係的好方法。我每次去學校接我兒子時，如果我問他今天過得好不好，他通常會給一個相當簡短而含糊的回答：「嗯，不錯」或是「還好啊」。後來我就換個說法問他：「你今天吃午餐時跟誰坐在一起啊？」或者「今天在學校發生最棒的事是什麼？」這麼一來，我不只有機會認識他的同學，知道他對同學的看法，也能讓他跟我分享今天最開心的事。還有一點——也是最重要的一點，我也鼓勵了他去回想今天發生的好事情。這是我希望孩子建立起的強大的習慣：回想這一天，然後關注重要的事。向他人分享快樂的事，可以讓快樂的回憶更加深刻，也能讓自己重溫正向而有意義的感受。

我們對自己說的話很重要，但會用**哪些話**來形容自己更重要。以負面的角度來談論自己，就是一種無用的習慣；我可以保證，當你對自己說「我永遠無法完成它」，正是你無法完成它的最主要原因。貶低自己，無法讓你離你的目標更近，既然如此，又何必這麼做呢？當然，貶低自己也是一種自我防衛或自我保護的形式：如果把要求標準降低、限制了我們的期望，就可以保護自己免受失望的痛苦。但是，如果你換個想法呢？你是否想過，會不會是你所設定的目標實際上太小了，其實你有超過目前十倍目標的潛能？每當你覺察到自己內心冒出負面的聲音時，停下來問自己：這是真的嗎？質疑「也許那是事實」的想法。假如你老是說自己很懶，也許是因為你真的很懶，但這不代表你無法改變。你要不就是接受它，要不就是改變它，你不能兩個都選。如果你日復一日對自己重覆相同的話，那麼無論內容是好是壞，至少要確定這些話都是事實。

我得坦白一件事。在多年以前，當我第一次聽到別人談論積極肯定的力量時，我其實很不以為然。這個概念是，無論你相不相信某一句話的真實性，只要你大聲說出來，就能以某種方式讓它成真。我完全無法認同這種想法。我抱持懷疑的態度，覺得這些「正面語言」也太自以為是了。無論你現況有多糟，只要講些正面的話，就能讓生活中的一切改觀的概念，對此我非常質疑。在我成長過程中，年紀還很輕時就要擔起許多的責任。我母親從不會粉飾太平，也從不會因我們的處境而感到抱歉。她的態度一向都是，不管你喜不喜歡，事情就是如此，你只能接受。我得要幫忙照顧比我小的弟妹，當然也很快地就見識到日常生活最真實的一面；我變得相當獨立自主，在這一過程中，我學到英才教育本質上是個神話，人生是**不公平**的，無論我們多麼希望它能公平。我並不是滿懷怨恨在說這些話——我不會心懷怨恨過一生。我想澄清的是，我從小就已經知道，生活並不像迪士尼電影。好人不總是在最後解決所有問題，弱者不一定總是勝利，而且或許該拆穿的最大謊言是，青蛙永遠不會變成王子。也許這就是為什麼我老是無法好好閱讀小說的原因。我妹妹就很愛閱讀；我還記得當她拿到《哈利波特》第四集時，那真的是好厚的一本書。那時她才九歲，居然只花了幾天時間就把整本小說給看完了。而那時的我，則是完全無法理解，她為什麼對虛構人物的虛構生活那樣著迷（更別提接受他們是女巫和巫師的事實了）。說實話，我到現在還是沒辦法享受閱讀小說，反而比較偏愛傳記或回憶錄——可能是因為我只想知道，我閱讀的內容是真實的。

我認為，或許我一開始對於正向思考的質疑，是因為覺得僅僅將肯定的話語一再重覆大聲說出來，根本就是在欺騙自己，以為說出來的內容會忽然間就成真了。假如每天早上站在鏡子前，不斷對自己說「我很有自信」，真的就能讓你更有自信嗎？或許吧。但假如你是對自己說「我可以長得更高」，難不成真的能再長高一點？或是說「我超有錢，我是百萬富翁」，然後帳戶裡忽然錢就變多了？很難吧！真正的現實是，我就算跑到外頭朝天空一再重覆說天空是綠的，也無法改變天空是藍色的事實。如今再回頭想想，我才知道我完全搞錯了重點。我們的腦袋很清楚真實與虛幻的差別，知道什麼是真、什麼是假。因此，正向肯定的練習並不是要說服自己去相信錯誤的事，而是要你專注在好的想法上頭，把注意力從負面的想法（甚至可能是具有破壞性的想法）轉移開來。通常重點不在於你想看到的是什麼，而是你目前看到了什麼。正向肯定的練習可以重新引導你的注意力，將你的思維重新連結至積極的方向，而這樣做能幫助你創造一個新的現實。

普通人平均每天講出大約七千個字詞。現在，問你自己：你對自己和其他人都說些什麼？你說出的話，如何影響你的心情？是否令人感到鼓舞和振奮？你想對別人說的又是什麼事情？你講的話是真的嗎？你說出來的和你所想的一致嗎？如果我一天要說上七千個字詞，我會希望那些都是**正確**的，也希望它們都能帶來正面的影響。我希望自己的話是肯定的。我希望講出來的話，能讓我的心靈、我的人際關係、我的經驗以及我身處的世界變得更有價值。

有用的習慣 vs 無用的習慣

這裡要跟各位分享幾個我認為最有用和最無用的習慣，不過請記住，這只是分享，我們不做任何評論！

到目前為止，我最無用的習慣就是看手機，有時我覺得這幾乎是上癮了。沒錯，我承認。雖說這是一本談論強大的習慣、自我控制、動機和紀律的書，但我終究只是個平凡人，完全屈服於社群認同的誘惑，到ＩＧ上按讚，私訊，會去看有趣的迷因和 WhatsApp 的訊息內容。事實上，在我撰寫這一章的當下，我還必須把手機切換成靜音模式，然後放在另一個房間裡，這樣我才不會分心。

我在去年的一場研討會上發言時，另一名與會來賓譚雅・古丁（Tanya Goodin）透露，多數人會把手機放在離自己身體半徑一公尺的範圍內，每天二十四小時寸步不離；而讓我更震驚的，是她說當人們遺失手機時，所經歷的荷爾蒙反應，跟父母在繁忙商家裡發現小孩走失時的第一個反應，完全一模一樣！別誤會我的意思，我花在手機上的時間，至少有一半以上都是有用的，社群媒體是讓我能建立事業、分享自己想法的重要推手。我絕不是反對科技進步、反對人們使用便利工具的人。但是，我使用手機的另一半時間通常是浪費掉的，那讓我很容易分心，甚至是偷走我的注意力，讓我把更重要的事情，例如閱讀和睡覺放在一邊。我曾經有一次打算九點半先爬上床，然後看書到十點再睡，結果卻變成了花十分鐘在 WhatsApp 群組聊天室裡，然後又花了十分鐘的時間去看 Instagram，等到我終於放下手機，打開書，已經九點五十二分了。如果每天都照這樣的步調進行，那麼就算給我整整一年的時間，我也看不完一本書！

現在我規劃了一個戒除手機使用的時段：每到晚上九點半，我就把手機切換成靜音模式，然後放在房間外的走道上。剛開始幾天，我總覺得心神不寧，好像應該在上床前再檢視一下手機，只是保險起見。等等！是要保什麼險起見？哦！搞不好會有什麼緊急狀況發生啦！我這麼告訴自己。但事實上，晚上十點到早上五點這段時間裡，幾乎不可能會有什麼緊急突發的情況；當然，的確會有例外，像是你待產中的家庭成員已經推進產房裡了，或是祖父母生病送醫住院。但撇開這些特殊情況，大部分的事都能夠等你到早上再來處理，根本不會因為你暫時遠離手機，就錯失了什麼重要的事情。**艾德莉安，不要有離群恐慌症（FOMO），專心上床看書！**

另一方面，談談我最有用的習慣，這時我馬上會想到有幾個例子。像是我在就寢之前，會把手錶和耳機插上插座充電，然後在充電插座旁，放好運動內衣、護脛、保暖帽、慢跑夾克和臉霜。毫無疑問，這是我生活中最強大也最有用的習慣。當我一早醒來時，完全不會浪費時間在黑暗的房間裡找裝備，也不用擔心慢跑到一半時耳機忽然沒電（這對我來說太糟糕了，得在沒有音樂、沒有有聲書、沒有氛圍情況下撐完全程）。最後，那一小罐臉霜，對於一大清早去跑步的我來說，是個非常重要的小東西。我一年四季都會跑步，在風雨中或是陽光下慢跑，會加速皮膚老化。老實說，在我二十幾歲時，完全不會去在意這種事，但最近這幾年，我開始比較重視皮膚保養。為了能夠長時間保護膚色，我會選用具防曬效果的保溼臉霜，在每天清晨出門前塗上；這真的是很小的習慣，但我肯定這絕對有用，至少我希望它是有效的（值得為此給我自己一個嘉獎）。最重要的是，準備好這些東西應該花不到五分鐘吧，而這也表示我不需要在凌晨五點做任何的決定。我很清楚跑步對我一天生活所帶來的正面影響，我也一次又一次地經歷，只要一切都準備妥當，我就不需要再為它傷腦筋。我建立了這個強大的習慣，是因為如此一來，我就不再需要仰賴動機行事，讓自己起床後接下來的動作，完全自然而然發生。

至於該如何創造屬於自己的強大的習慣，這裡有三個你要採取的步驟：

●步驟一：評估你現有的日常習慣，然後分成「有用的」還是「無用的」。

你該做的第一件事是，是釐清你現在有哪些習慣，而這些習慣是有用還是無用的。這有點像是在給你的習慣儲藏室，來個近藤麻理惠[1]式的大掃除。

找一張白紙或筆記本，寫下每天實際做的事，以每小時為間隔一一記錄下來。要記住，是把所有的事都記下來，而且記錄時要誠實，記住不會有別人去看你寫的內容，對你品頭論

1 日本居家物品整理師，她最著名的是倡導「斷捨離」整理法。

足；更重要的是，在這個練習中，甚至不用批評自己。這麼做不是為了追求完美，或是讓每一個小時都很充實，它只不過是要檢視你最有價值的時間。

瀏覽你做的筆記，然後問你自己：哪些習慣是在浪費你的時間？哪些習慣耗費的精力遠比它能提供的還要多？哪些習慣會讓你覺得自己很糟糕？那這些就是你應該捨棄的習慣了。

相對地，你也可以透過這個練習，找出你想要維持、甚至應該做得更多的習慣：哪些習慣讓你更健康？哪些習慣讓你成為更好的父母、伴侶、兒孫和朋友？哪些習慣幫助你創造你喜愛的生活？

●步驟二：適應、替換或重新創造出嶄新、更好也更強大的習慣。

如果想要成一個新的習慣，一個好的開始是，可以在你原本就在做的事情上添加這個新習慣。這種方式不需要你再挪出額外的時間，因此相當有用。試圖從現有的時間表找出更多的時間並不是建立新習慣的最佳辦法，而是要善用時間。

舉例來說，如果你習慣每天花十五分鐘時間走路去車站，那不妨想想看，有什麼習慣是走路時可以結合在一起做的呢？也許你可以趁這段時間打電話給你的父母親或朋友，也可以聽播客節目或有聲書；或者，你可以把這段時間視為安靜獨處的時光，深思和正念冥想。甚至，不一定要有一大段的時間。想想看你在等水煮開的時間，那兩分鐘你可以做什麼？或許你可以趁這個時候來幾下腹式深呼吸的練習，安定自己的神經系統，或是來做點伸展操呢？把新的習慣加入你現有的例行活動中，就有很大的機率建立起新習慣。

至於食物和控制飲食方面——這也是很多人努力養成好習慣的領域——比較有效果的方式，是以**取代**舊有的習慣來實行，遠比把舊習慣全盤推翻重來會有用許多。如果想減少每星期喝酒的量，而你總習慣在晚餐後喝上一杯（或兩杯）紅酒，不妨試著改喝氣泡水，或是無酒精的琴通寧，這麼一來，你還是能保有原本每天小酌片刻的感覺，同時又能減少酒精的攝取。

非常重要的一點是，你要思考新習慣該如何執行。你是喜歡將事情拆解、逐步地改變，還是喜歡一夜之間就一百八十度全面大轉變？每個人的做法都不一樣，決定要怎麼做都可以，但你一定要留意，選一個能讓你成功的方法。

最後還要考慮的是，你想同時建立的新習慣有多少。想要改變我們的行為真的很困難，短時間內做出太多改變，往往讓人吃不消。一開始肯定會有抗拒改變的心情，甚至後來還會想乾脆找方法自我破壞，所以一定要確認所選擇的是會為你帶來最大影響的習慣，並優先關注。

●步驟三：增加阻力：讓你更難選擇壞習慣。

假設你有一個無用的習慣，是滑手機上的社群媒體 App，這習慣通常占用你大量時間——在通勤的火車上、排隊等咖啡時、晚上躺在沙發上時——你決定要減少每天的使用頻率。怎麼做呢？你可以在過程裡添加阻力，每當你想這麼做時，就必須多費點力氣。舉例來說，你可以更改手機的設定，讓你每一次想要開啟這些 App 時，都要先輸入密碼才能使用。這是個很小的改變，但是輸入密碼會迫使你暫時停下來，也就是說，開啟 App 不再是以往的自動習慣，而變成一個有意為之的決定。你會想要每天輸入二十幾次密碼嗎？只要稍微添加一點阻力的步驟，就能大幅減少手機螢幕的使用時間。

同樣地，在飲食和訓練習慣上增加阻力，是個可以讓你更容易選擇有用習慣的好方法。

如果你想改善飲食習慣，少吃垃圾食物，那麼家中就不要有垃圾食物，就這麼簡單。吃過正餐後，當你去廚房找甜點時，如果冰淇淋就在那，你就得動用意志力克制自己。如果家裡根本就沒有冰淇淋，若真的想吃，就得走路或開車去店裡買。增加阻力，就能讓無用的習慣更難執行。

我們都有每天會重複的習慣。如果不是刻意養成的習慣，那麼我們通常會選擇阻力最小之路，選個最輕鬆的選項——這就是人性。你的習慣影響了所有的事情，從承諾健身和飲食控制，再到儲蓄和有效運用時間等。一旦建立起強大的習慣，就再也毋須依賴意志力和動機了。如果你想出類拔萃、釋放自己真正的潛能，建立強大習慣非常重要。

I have
a purpose
and
I'm moving
towards it.

我有明確的目標，
正朝它前進

第 3 章

運動的力量

The Power of Movement

我的全力一小時有一個影響我生活最大的因素，那就是運動。運動對我們的大腦和身體都相當重要，有規律的運動習慣——從跑步、做瑜珈到跳舞——對你的生活許多面向都有莫大的助益。運動的好處說也說不完，從增強你的自信心，管理壓力，到降低身體不適及患病的風險都是。當今頂尖的醫生、營養學家和心理學家一致認為，久坐不動的生活方式導致現代人缺乏運動，是造成身體很多重大問題的根源，而且全世界皆如此。如果我們都能多活動，就能看到罹患肥胖相關疾病的人數顯著下降。透過走路，跑步和騎腳踏車，取代開車或火車上下班，就能減少個人的碳排量。我們的心理健康，也可以透過平常規律的運動來改善；更別提多往戶外走、多參與團體活動，對於健康的助益有多大。影響我們整體健康的生活因素有很多，但關鍵在於，無論你是年輕人或老年人，膚色黑或白，胖或瘦，沒有人不從日常規律運動受益的。

我選擇用「運動」，而非「鍛練」這個詞。「鍛練」容易讓人聯想很多：健身房的重訓、體能訓練營式的鍛鍊，還有 Instagram 上黝黑、健美，半裸的私人教練。那也可能讓你回想起，在學校上體育課時，被迫在淒風寒雨中跑過泥濘操場的慘痛回憶。或者也許你並不是個「會鍛練」的人，連一雙慢跑鞋也沒有，只是偶爾會在地下鐵的電扶梯往上走，這樣就算是有在健身的積極表現了。不過，無論你對於「鍛練」這個**字眼**的感受為何，實際上是你的身體或大腦，都需要運動。魯彼．奧伊拉博士（Dr Rupy Aujla）是英國健保署的一位醫師，著有《醫師的廚房》（*The Doctor's Kitchen: Supercharge your health with 100 delicious everyday*）一書，有次我和他聊天時，他很肯定地對我說，規律的運動習慣對於我們的健康確實有正面影響；他同時提到每日運動是他活得好的原則之一。「你不一定每天都進行高強度的鍛鍊，」他這麼告訴我：「就像食物一樣，多樣化才是身體需要的。」另一位上過我播客節目的來賓，執業心理學家金柏莉．威爾森（Kimberley Wilson），她最近剛寫了一本書，叫做《如何培養健康的大腦》（*How to Build a Healthy Brain: Reduce stress, anxiety and depression and future-proof your brain*）；她在書裡解釋了為什麼「運動可以保護大腦。體適能可以改善大腦的血液循環，連帶地提高認知能力、專注力和注意力。規律的鍛鍊已經證實能夠降低人們出現情緒低落和焦慮的風險，延緩及逆轉大腦老化，同時提高我們面對壓力的彈性。」她接著說，「任何形式的運動都有效，重點就是動起來。」

現在，讓我們先暫時忘記鍛練，回到「運動」這個字來。運動是人的天性，我們的身體天生就是會想要動起來。想想我們在長途飛行時，得坐上好幾個小時的狀況，你的身體會有什麼感覺；當安全帶燈熄滅，可以起身伸展背部和雙腿時，是不是感覺非常棒呢？在你感到疲累時，只要將手臂高舉伸展到頭頂，再深深地打個哈欠，這不是很棒嗎？我們的身體生來就是要動。人類這個物種生存的能力，很大一部分靠的就是活動力：我們的遷徙、飲食，與人交流，甚至生兒育女，都需要移動。如果家裡有寵物貓或狗，不妨留意牠們在睡覺前和睡醒後都做些什麼。睡前，牠們會從頭到腳伸展整個身體（瑜伽裡有個練習動作叫「下犬式」並不是沒有道理的）。而牠們醒來後，同樣也是再次伸展身體，然後才開始走到向陽處找水喝。你的日常行程應該比家裡的狗狗忙得多，但牠肯定有自己的優先事項。

運動對我們的影響，並不只是身體的體態變好而已；從我們與他人的互動，到對於自己以及生活的中可能性的信心，都會有巨大的影響。

三種掌控身心的運動處方

當你開始要將運動納入每天的全力一小時，重要的是務必了解不同類型的運動，對於你的心理狀態的影響是不一樣的。

我敢肯定，你以前有聽過「跑者愉悅感」（runner's high）這個詞，如果從沒聽過的話，那跟你解釋一下，這是形容許多人跑完步之後所體驗到的愉悅欣快感的術語。當我們進行約莫二十分鐘左右中度身體運動時，我們大腦中會產生真正的物理性與化學性的變化，此時身體會分泌「快樂」激素多巴胺、血清素以及腦內啡。（所謂的「中度」是指你的心跳加快，身體流汗。）這些狀態的變化會在被稱為「本體感受回饋」的雙向認知回饋迴圈，影響我們的身體和大腦。基本上，這代表了我們所做的運動會影響我們心理的狀態，反之亦然。要在全力一小時裡納入運動，方式多得數不清，從溜狗到衝浪選擇很多——記住，這不僅僅只是健身而已。在這裡，我只簡單敘述三種運動的主要好處：低強度或低衝擊的運動，例如瑜珈；肌力訓練，如舉重；有氧運動，例如跑步。

如果你選擇以三十分鐘的瑜伽開始你的一天（這裡我不討論瑜伽的精神層面，只提及透過一系列有意義的姿勢活動身體的練習），然後你開始專心和專注。透過變換不同的姿勢，會迫使你更加意識到自己的身體、呼吸、情緒和能量。一般來說，我們通常只能在腦中同時容納三件事。因此，如果你心裡想著把左腳往後退一步，手臂往前伸時吸氣，那麼，你可能無法考慮電子郵件的信件，或是今晚做什麼晚餐。隨著你的呼吸開始愈深、愈專心，透過更多的氧氣進入你的肌肉和大腦，幫助你的身體甦醒過來。還記得身體和大腦之間的雙向回饋迴路嗎？當我們要維持姿勢固定不動時，例如棒式，必須用到核心肌群，這個動作是撐體且穩定的。這時身體會告訴大腦，**我很平靜，可以忍受這種不舒服，一切都在我的掌控中**。就算開始覺得不舒服，但你仍然堅持下去，因此強化了**我可以忍受**的訊息。這是一種非常掌控自主的強大心態，這種掌控感，這種平靜的感覺，毫無疑問，可以讓你一整天都維持在這種狀態裡。

因此，下回當你覺得自己被強迫跟上別人的步調，只為了配合對方的優先事項、排程的話，你就不會覺得很忙亂或是不知所措。要記住，是你自己在掌控一切，而你可以選擇讓身心保持詳和平靜。

第二種運動是肌力訓練，具體來說，是舉重。我認識很多人，包括許多女性，愛死舉起重物的感覺。這種運動常鼓勵我們展現出不同的自己，甚至有人還會說這是一種另一個自我效應。我要特別為女性來強調這一點，因為我們在成長過程中，難免會先入為主地認為「女性」應該呈現的形象，這通常和權力有關。我們老是被灌輸女人是弱者，因為我們活在男性主宰的社會，所以我們擁有的權力較少。而在舉起或移動重物時——或是做需要靠自身重量將身體撐起來的徒手訓練，你的身體都在告訴大腦：**我很強壯，我非常有力，我可以把自己舉起來**。這是本體感受回饋在運作的時候。不論你的性別為何，透過舉重或肌力訓練開啟你的一天，能讓你在生理和心理都覺得自己強而有力。你的身體變強壯了，心理也跟著強大起來。

最後來談談我的晨間小確幸，也就是慢跑。我們天生就是要跑步。每當我送我兒子上學後，會站在操場一旁看著孩子們彼此追逐玩樂。他們一起玩的遊戲多半和跑步有關，因為這對孩子來說，是十分自然的運動。我相信當你跑過公園、穿過城市橋梁或是沿著河邊小徑，你的身體不斷向前奔的跑動，就像是對著你的大腦宣告：**我是自由的，我有明確的目標，我正朝著它前進，我實際採取行動**。我很難貼切形容慢跑對我的意義，或是如何客觀地評論我的慢跑經驗，還有對我生活的影響。通常，慢跑時會感到疲倦和壓力；不過，不斷的往前奔跑，規律的呼吸，雙腳踩在地面上，讓人幾乎進入冥想狀態的節拍，帶給了我一種無所畏懼的感覺。我的種種煩惱也不再是什麼大事。內心頓時豁然開朗，思考變得清晰，不但精力充沛，什麼事都變得可能。當我晨跑時，街道安靜、不受打擾。如果時間點抓得剛剛好的話，我開始跑步時天還是黑的，然後天色會隨著太陽逐漸升起逐漸變化，我跑回家的最後一哩，是在多彩的天空襯托下前進的。不過，這樣的美景通常只維持幾分鐘而已，但也因轉瞬即逝，更凸顯了時間的重要，讓我更加不想虛度光陰，增強了好好生活的急迫感。日出是不等人的，只要稍晚一些，就會錯過日出時的景色。一旦錯過了，就消逝。當然，明天同樣會日出，但不能保證你還能看到一樣的景色。

留意一下你的動作和肢體語言，在一整天裡是如何變化的。你是否曾經注意到，當你覺得憤怒或受挫時，身體的肌肉會緊繃起來、呼吸變得短促，甚至會不自覺地握緊拳頭或雙臂交叉抱胸呢？又或者，當你感到開心、平靜且放鬆時，你的呼吸是不是變得緩而深，肌肉也比較放鬆呢？想像一下，如果你開車卡在快速道路的車陣裡，這時你知道自己快要遲到了，身體和姿勢會有什麼樣的變化。你的臉可能逐漸湊近方向盤，手握得愈來愈緊，嘴巴可能還咬住下唇，甚至還屏住呼吸（我想像一個卡通版的自己，耳朵裡還噴著白色的憤怒蒸汽）。那麼，現在再比較，當你完全沒有時間壓力，輕鬆地駕駛在漫長且一望無際的道路，享受悠閒的公路旅行，你的身體感覺如何？你應該是舒適地靠在駕駛椅背上，跟著歌手吉兒・史考特（Jill Scott）的音樂哼起歌來，心中還幻想著可以讓你停下來吃個午餐的鄉村酒吧。簡單地說，你的肢體語言和精力，兩者是同步的。

還記得回饋迴路是雙向的吧？如果心情會影響你的動作，那麼反過來，你的動作同樣也會影響你的心情。如果你想改變心態，那開始讓身體動起來。站起身來、做個深呼吸、把手高舉過頭，走動或伸展一下，甚至是跳個舞，只要動起來就對了。就算一開始無法立即感受到強烈的喜樂感，但多數時候都會覺得比以前感覺更好。所以，每天你想擁有什麼樣的感受，關鍵就在於你要怎麼動。

我常說，身體動作就是共通的語言；我們不需要言語，就能和別人溝通及表達自我。例如，我們跳舞是為了慶祝，並且與其他人交流。它也是我們說故事，以及表達意圖和情感的方式。自有歷史以來，許多宗教慶典都將舞蹈融入崇拜的儀式。在世界各地，不同的文化也各自擁有自己的傳統傳統或民族舞蹈：例如中國著名的舞龍象徵了權力和尊貴；或是西班牙的佛朗明哥舞，就極富戲劇性，並以強大的情緒張力和表現力而著名。或許，最令人印象深刻的祭典舞蹈，或許是紐西蘭原住民毛利人的哈卡舞，這是象徵挑戰的舞蹈，也是戰士出征前的傳統慣例——紐西蘭國家隊在國際賽事時跳了傳統戰舞，而讓代表隊聞名全球。你是否曾看過小嬰兒或孩童第一次手舞足蹈的模樣？那真是美妙極了（也非常逗趣），看著他們咯咯地笑，然後跺著腳步，以與生俱來的本能隨音樂節拍扭動身體，這也正是我們的身體天生想動的最好例子；同時告訴我們，就算不是專業舞者，同樣能從這類型運動中獲得好處。

在與他人建立聯繫及創造新的關係上，科學記者傑森・高德曼（Jason G. Goldman）表示，我們可以經由仿效他人的動作（跳舞、運動，甚至在交談時），幫助進一步鞏固和他人的關係。想像一下，如果在派對或團體中跳舞，可以加強社交聯繫；如果是與你愛的人一起跳舞，更可以加深彼此的交流——舞伴要能解讀對方的肢體語言，才能讓彼此間的動作協調一致。

從這些已獲證實的好處來看，舞蹈治療作為一種心理的治療方式，在成人和孩童中愈來愈受歡迎。這種治療方法是在探索非言語的溝通，並藉由動作組合及舞蹈方式，表達和解決心理障礙，比如創傷、焦慮、悲傷和憂鬱等等。金柏莉・培娜（Kimberley Pena）是一位舞蹈運動心理治療師，她利用舞蹈治療來協助身體殘疾或心理問題的病患。當我問起她的工作內容時，她是這麼解釋的：

「舞蹈運動心理療法（Dance movement psychotherapy，DMP）可以說是科學與藝術最出色的結合。近來針對DMP效果的研究顯示，在減輕焦慮和沮喪症狀方面，DMP與傳統熟知的治療方式，如認知行為治療，效果一樣好。

照顧好你的心理和身體健康，兩件事同樣重要。如果正試著找一些另類療法，舞蹈和活動，可能是讓你找到表達自我的新方法和觀察自己情緒的通道。

打造你早晨的黃金時刻

當我問別人，他們成功的關鍵是什麼時，毫無意外地，他們大多會提到早晨的運動練習；事實上，這些行動都是刻意的，而且對多數人而言毫無討價還價的餘地。連續創業家，同時也是得獎作家琳齊・波伊德（Linzi Boyd）告訴我：「每天的第一個小時就是我的黃金時刻，一直都是；我會以一堂個人訓練課程，或是彼拉提斯開啟這一天。在那之後，早上會有許多事情；這真是一天中最美好的時間，因為我精力充沛，我的大腦清醒，所以我可以真的善用那段時間。」我知道許多人也有相同的感受。

瑞奇・諾頓（Richie Norton）的例子肯定能激勵你在早上動起來。他是前橄欖球員，現在是運動教練及瑜珈老師。他的晨間日常包括花一些時間泡杯新鮮的茶，點蠟燭或薰香，再花十分鐘冥想或寫日記，然後，就該動起來了。他有時只運動短短的十分鐘，有時會拉長到兩小時，這要看他當天的需要及行程而定，不過多半是從瑜珈開始，接著是戶外運動，例如健行或衝浪。瑞奇將這些晨間訓練形容為「超能力」：

「生活中有許多不確定。每個早晨都有些不同，但如果以儀式或慣例開始一天的生活，你就能決定一天該怎麼過。清晨的運動能清空我的思緒，讓我的身體進入良好的狀態，它是相當有用的工具，而且很大程度上會影響你接下來這一整天。你一踏出門面向世界，外界的人事物會持續影響你的心理狀態，因此，你需要先在心裡挪出一個安靜的空間。」

要建立起晨間習慣，一開始要花功夫，但這些努力絕不會白費。在清晨挑戰身體，當然需要自律和持續的執行。對多數人而言，跨出第一步是最難的，不過假以時日，這些新慣例成為你一天的日常時，要付出的努力和意志力也會降低。你會看到並感受這一小時對於接下來一整天所帶來的好處，要繼續保持下去就容易得多了。當然，也許偶爾會有那麼幾天，你感覺早起很痛苦，而窩在床上很容易，也很愉快——人的大腦迴路會傾向避開不舒服的事——但是，避免停留在舒適圈裡頭非常重要。此時你要告訴自己，這些短暫的不舒服可以為你帶來長久的好處。這就是為什麼許多高績效人士，從提摩西・費里斯（Tim Ferriss）到歐普拉（Oprah Winfrey），每天都從鍛練開始。曾經有人對我說過，而我現在更確定，成功人士的成功有一個原因：他們會去做自己認為應該去做的事，即使他們並不想做。

我們都知道行動勝於空談。我常和我的客戶及學員分享一個練習，那就是把行動視為一種投票行為；每當你採取實際行動，以及當你真的言出必行，去做說過要做的事情時，就等於對你自己投下「認同」的一票。假設你想成為在早晨慢跑的人，你第一件會做的事，是去買一雙慢跑鞋。先提醒你：這並不會讓你馬上成為慢跑人士。接下來，你應該會告訴你的室友或伴侶（或是心愛的貓咪），明天一早，你將會起床去跑步。還是要很抱歉地說：這同樣不會讓你馬上成為慢跑人士。到了隔天早上，當你真的起床，而且去跑步了——這個行為證明了你說自己是個晨跑者，因為你具體展現應有的行為和特質，就是這個跑步的行為，對你自己投下了「認同」票，證明你是一個言出必行的人。相反的，如果你每次說要做什麼事，卻從來不行動，就是對你自己投下了「否定」票——這正是一張對「自信」的否定票。時間一久，這張隱形的投票結果會告知你如何看待自己。這裡我要澄清一點：所謂的投票，並不是要向誰證明什麼，一切都只是向你自己證明。這個方法給自己證明，建立起對自己的自信心，以及採取行動的能力。

我曾經一整個星期在隨身包包裡放一本書帶著到處走，卻一頁都沒有看。每當我離開家門，都會瞄一眼包包內，暗自想著今天一定要在通勤搭火車時開始看這本書。結果，一坐上火車，我就開始滑手機，查看新的電子郵件和 WhatsApp 訊息，就這樣一路坐到了倫敦利物浦街站，結果卻必須帶著那本從來沒讀過的書一整天。我怎麼會做這樣的事呢？我的行為向來深思熟慮，常常思考我的最終目標，而我之所以想多讀點書，是為了成為更棒的作者。但我犯了一個錯，那就是以為只要買了書，把書帶在身上，我就會找機會去讀它。但現實是，我早上九點把兒子送去學校之後，火車上四十五分鐘的通勤時間是段寶貴的時間，會有許多不同的雜事讓我分心。我也因此把時間花在手機上頭，而不是專注在我想成為一名更好作家的目標上。我的行為並沒有跟上我的志向，我每天都對自己投下了「否定」票。在認清這一點之後，我決定把閱讀，視為我的全力一小時中的優先項目。我每星期會安排三天，在早上醒來還坐在床上時，就把書本拿起來，先讀半小時，再去做其他的事。最關鍵的是，我在一天還沒拿起手機之前，就先閱讀。這麼做的效果如何呢？我不再買一堆自己不想看的書，而我的包包也變輕了！

只要投下夠多的「認同」票，你就不會再懷疑自己持續做這件事的決心。你不會放棄自己，發誓下星期再開始就好。你會開始相信自己，因為你的行動證明了，你真的說到做到。對我來說，這種投票的想法，是非常有效的工具，我也經常運用這樣的概念完成許多大小事——從深夜不再無意識吃點心到撰寫這本書。

談到要建立新的運動習慣，你首先要做的是確認意圖。這裡很重要的是，你必須坦率面對自己想達成的目標，因為這是你起床時需要想的事；對自己許下承諾，然後記住，而付出的努力絕對不會白費。這個新的例行事項，並非別人強加在你身上的限制或規則，而是你自己的選擇。如果你覺得自己太忙，無法抽出時間給自己，那你就比任何人更需要實行全力一小時。請問問你自己：

1. 這個運動的**目的**是什麼？這能讓你更接近自己的目標嗎？
2. 運動後，你有什麼感覺？想想看其他類型的運動，不同的運動會影響你的心態。
3. 你目前的運動習慣中，哪些做得好，哪些又需要改變？也許你不需要全盤改變，只需改善就好。
4. 什麼事會阻礙你？阻止你建立並持續晨間運動練習？誠實的面對自己！

即使說了這麼多，我還是可以保證，總有一天，你會**眞的**很不想繼續下去。很抱歉，我不是會安慰人的朋友，我不會對你說：「沒關係，今天窩在床上吧，只有一天而已，明天再做就好。」你不需要這種朋友；而我是那種會把你硬拉下床，然後拉開窗簾，大聲放起音樂，陪著你一起進行訓練的人。不過，就算我很願意這麼做（這是真的），但其實你並不需要我或其他人的幫忙。給自己信心，在你的生命中，一定做過比波比跳（Burpees）更困難的事，當你的鬧鐘響起時，你一定要記住這一點。如果怕自己忘記，就把它寫下來，放在你每天早上一起床會看到的地方，例如手機或鬧鐘旁。

為了激勵自己持續進行晨間訓練，我常參加一些和耐力有關的比賽，像是馬拉松或團體鐵人三項。朝明確的目標努力不僅激勵我，同時也讓我有機會挑戰自己的投入程度。如果你的運動目標和特定賽事無關，你可以報名參加並努力實現，這裡有幾個技巧幫助你充滿鬥志，並在早上動起來……

●評量你的進步程度

假如你的日常訓練只是三天打魚兩天曬網、缺乏結構的話，就難以追蹤你實際上的進步程度。而評量自己進步程度相當重要，因為可以明確知道你目前在做的事，實際能產生什麼樣的變化。例如肌力訓練就是很好的例子，它很容易就能評量進步的幅度，方法很簡單：看你現在能舉起的重量，跟之前相比差了多少？無論你的目標是什麼，看清進步的程度，才能讓你更有動力繼續做下去。

●遵循特定的訓練指南

制定好鍛鍊計畫，你就不用做任何決定了，這在清晨五點半時特別有用；你只要簡單看一下計畫安排，跟著做就好。一份好的訓練計畫，應該隨著時間的推移，逐漸增加訓練的強度（這對避免受傷很重要）。你並不會在一星期內就將強度從零增強到一百。在選擇訓練指南或計畫時，請務必確教練是合格的，而且是適合你目前的體能水準。由於網路上有很多通用的健身計畫和指南，所以建議先咨詢個人健身教練，為你量身訂制計畫，或是推薦你已有的健身計畫。

●找出你的動機

你是受想要什麼東西的想法驅使，朝目標前進；還是遠離你不想要的事物？競爭心可分為兩種：一種是喜歡贏的感覺，另一種則是不喜歡輸的感覺。兩者都沒有對錯，但你最好要了解自己是屬於哪一類型的人。

●認真看待你的健康

一般來說，人們年過五十，才會思考中風、心肌梗塞或失智症。我們二、三十歲時，總以為年齡的優勢足以保護我們不受這類疾病困擾；但現實是，你的生活方式——特別是身體是否常活動，還有飲食習慣——都會影響你當下**以及**未來的健康。花點時間思考一下，再過十年、二十年後，你想過怎樣的生活，從今天開始，為未來的你做準備！

讀到這兒，也許你會想，運動並不是你現在最優先要考慮的事，但或許未來有一天會考慮，但它目前真的還排不上你的首要目標。若是如此，你可以考慮把運動納入到你目前的例行事項中；要我說的話，也許你的通勤時間會是最好的開始。以倫敦來說，人們一天的平均通勤時間是七十四分鐘，一星期下來大約六小時；一份由大倫敦市政府於二〇一五年發表的報告中，指出不同的通勤方式會影響人們的健康，其中關鍵的發現之一，是那些走路上班的人（即使通勤過程中只走上一小段路），會比開車或搭火車上班的人更快樂。這是因為走路

（會增加心率和呼吸）外加待在戶外沐浴在陽光下，兩者結合起來所產生的影響；這份報告也支持了一個論點：那就是每天運動，特別是中午前的運動，對於我們的心理和身體都有正面的影響。

只要提前通勤時間，就能稍微避開尖峰時刻（也可減少通勤時間）；或是你可以重新改造通勤旅程，「改變通勤方式」。健身科技公司 Fiit 的共同創辦人薩米・阿德米（Sammi Adhami）常常提到他把通勤時間，轉變成可以節省時間、增加日常活動的方式。他在進行鐵人三項的訓練時，會利用通勤的機會跑步或騎腳踏車（他整天往返倫敦市各處開會時，也這麼做）。他的公司由一群志同道合的健身狂人所組成，因此公司內完全沒有人在意——甚至不會注意到——他穿運動服或 T 恤滿身大汗地出席會議。（現在多數的辦公室都配有淋浴間和吹風機，所以你不用擔心到公司時還滿身大汗的問題）。「要管理一家忙碌的新創公司、自己的小孩、耐力訓練和日常生活，意味著我必須善用自己的時間；除了改變通勤方式，我還把接送孩子上學的時間，變成了我的跑步時間！我讓兒子坐在可快推的嬰兒車上，女兒則在一旁滑著滑板車，」他解釋，「這段路程才短短兩哩，卻很輕鬆地讓我累積起日常的運動時間。」

把通勤轉變成運動，也能同時為你省下一些錢。假設你原本通勤坐火車要花八英磅，如果改成每天早上騎四十五分鐘的腳踏車，一年下來就騎了超過四千英哩，同時省下兩千英磅的車資，差不多就是一臺相當不錯的入門單車價了，可以說是雙贏的做法！接下來，你該如何轉換通勤方式？上班途中的某一段路，是否有可能改用跑步或騎車的方式來替代？

運動能改變你的人生

幾年前，我在部落格貼了一篇關於慢跑的文章，文章裡列舉出慢跑影響我生活的幾個面向；它也成為我部落格中最多人閱讀、分享的一篇貼文，就算現在回頭再讀一次，我仍然驚訝於文中所說的，到現在一樣是正確的。如果你不是慢跑愛好者，那麼以下的經驗同樣也可以套用到其他類型的運動上。我並不是要說服你去慢跑，不過如果真的稍微激起了你的興趣，這裡還有幾個說服讓你一試的好理由：

●跑步讓我把注意力轉移到我可以做到的事情上，而非我做不到的事。

能夠慢跑，或挑戰任何體能運動，真的讓我很感激；如果你看過所愛的人生病的模樣，你不可能會覺得健康是件理所當然的事。每天早上我起床，沒有感到不舒服、病痛或身染惡疾，都覺得自己很幸運，而跑步正是我用來確認這一點的方式。有時候，我跑步純粹只是我能跑。當生活變得忙碌，我在工作上過於投入，或是追趕截止期限而快喘不過氣時，我會忍不住優先考慮其他的事。**我今天還有時間去跑步嗎？**每次我發現對自己問這個問題時，答案幾乎都是：「當然有」。如果這件事真的對你非常重要，那你一定可以抽出時間來，即使你得因此提早三十分鐘起床也無所謂。我希望到了八十歲時，自己依然身強體健，還能去參加路跑比賽，而更重要的是，我每次都會提醒自己：「總有一天，我會無法跑上十公里，**但絕對不是今天**。」

●這是沒有終點的挑戰

跑步或其他類型的體能訓練，並沒有真正的終點線（我不是指比賽）。你永遠無法**完成**或**征服**跑步。我們正在走向不需要花費太多力氣的生活型態——按下按鈕，就擁有數不清的娛樂選項；預先處理好，預切片或預先煮熟的食物；住家和辦公室在冬天有暖氣，夏天有冷氣——在這麼便利舒適的環境下，適當給予自己身體上一些挑戰，比以前來得更重要。這些挑戰提醒我們，在一個設計得愈來愈方便的世界裡，人體的能力原來是怎樣的。

●跑步教會我要有耐心

我相信許多人會認為，我一向看起來體態健康，所以我才覺得要開始運動再簡單也不過。事實上，前幾次跑起步來真的讓我很痛苦。那時，我只是在住家附近跑一圈，不到兩英哩的路程，就感到超級挫折，怎麼會這麼艱難！我不耐煩了，想去做更簡單的事就好。不過，我還是繼續跑下去——每星期跑三到四次，漸漸地，那兩英哩的路程開始變得比較輕鬆一點了。與生活中其他事情不一樣，跑步在一開始的進步過程是線性的，也就是說，花多少時間在上頭，就有多少進步。當然，這不是說不需要花時間，我們對任何的「快速解決方案」都應該抱持著健康的懷疑態度來檢視。因此，跑步繼續教我學會耐心；讓我盡量接受不是所有的事都能按照我的時間表或排程進行，你無法一步登天，有時候得順其自然，該花多久時間就花多久。

●跑步讓我更有自信

我從來不認為自信是與生俱來的，但自信是可以加以培養的。慢跑讓我體認到，如果我努力訓練，堅持計畫並跑多一點，我就能達成自己想做的任何事情。我看過有人因為體能練習，讓自己變得更加自信，而且這種自信還滲透到他們生活中每個面向。原因很簡單，也許只是他們知道今天做到了昨天做不到的事。眼見為憑，這證明了**你做得到困難的事**。

●跑步讓我心情平靜，激發我的創意

我很確定，要不是我固定去跑步，很多絕妙的創意不可能湧現。或許是因為我在跑步時，幾乎可說是我一天中唯一獨處的時刻（我很喜歡與人們聚在一起，而我的社交生活也一向如此）。三不五時，我就會來一場將高科技完全拋在腦後的跑步，不聽播客、不聽音樂，甚至不戴手錶記錄自己的狀態。我開始撰寫這本書之前，常會思考自己想分享什麼，有時慢跑後內心湧出一些想法，就會用語音錄下來或寫在筆記本上，最後就成了一個章節的基本架構。在這個讓人分心的世界，能專注在一件事情上頭，已經是稀有的超能力了。我不是什麼禪宗大師，但當我一個人跑步時，沒有能讓我分心的事，而這對我來說就是一種正念練習。

●跑步教會我如何失敗，以及如何持續下去

到目前為止，我人生中最大的挫折是二〇一八年的柏林馬拉松，當時我未能跑完全程；在我參加過的所有賽事中，這是唯一一次我沒有跑過終點線。在那之前，我花了二〇一八年

整個夏季來準備這場比賽，所有能做的我都做了。我精心地擬定了為期二十週的訓練計畫，進行了長距離慢跑訓練，快速的間歇跑和跑步機訓練。在法國度假時，每天早餐前都在山上跑上跑下。我甚至還曾在墨西哥頂著三十度高溫，在海灘上跑步，以免錯過整個星期的練習。我從來沒有為了一場比賽，訓練得如此周延過。一切看起來都很順利，直到有天早上我在床上醒來，忽然感到右腳底一陣強烈的疼痛；那時我痛到無法把腳平放在地板上。但老實說，當時我還不怎麼擔心——當你進行這麼嚴格的訓練時，身體難免會有些小疼痛或不舒服，對吧？我想應該過幾天就會自行痊癒了，不料情況愈來愈糟。我開始每天都在疼痛處冰敷（直到現在，我還是不確定這麼做到底是對還是錯），然後去看了物理治療師，而他告訴我，如果還想參加比賽，那在比賽前必須讓我的腳完全休息。這讓我感到很沮喪，畢竟已經辛苦練習了好幾個月了，但我還是決定遵照他的囑咐。

時間很快來到比賽當天，當我站在起跑線時，不由得緊張起來。我知道跑完我的腳鐵定會很痛，但我完全沒想到自己最後無法完賽。我跑到十六公里處時，疼痛持續不退。如今回想起來，我當時就應該馬上停下來的，可是我並沒有聆聽身體發出的訊號，只是為了自尊心不想放棄。我戴起了耳機，把音樂轉大聲。直到跑到二十五公里處，這時已經痛到難以忍受了，我簡直是墊著腳尖在跑步，因為腳後跟痛到無法著地。這時，我不得不停了下來；一臉憤怒和沮喪，一瘸一拐地跛行到醫務站，眼睜睜看著數百名跑者從我面前跑過。一位和藹的醫生用繃帶纏起我的腳，避免它繼續腫脹，然後給我了一條止痛軟膏和診所的地址，告訴我可以去那裡弄到一組拐杖。當我終於回到飯店時，幾乎用盡我所有的力氣，而且內心滿滿的遺憾。更令人沮喪的是，那間飯店住滿了許多職業運動員、媒體記者，到處都是慶祝的布條標語和氣球。我知道當我的朋友全都在外頭慶祝時，我只能待在房間裡，冰敷我的腳。我當時超級想更改機票時間，這樣才能馬上回家。

後來我在社群媒體上，完完整整分享了這一段經歷。對於要讓所有人知道我沒有完賽這件事，我一開始還感到有點難堪。畢竟我常鼓勵別人去挖掘自己的潛力；許多人也回饋我，當他們依照我的建議練習之後，也開始跑步了，甚至還去參加比賽。我覺得自己根本是個騙子，也是個失敗者！但是，你知道嗎？實際上人們根本不在乎你是否通過終點線，就在那一刻我了解到，唯一能在你身上施加負面壓力的人，其實只有你自己。當你勇敢跨出挑戰的那一步時，犯錯、受傷，或是在某些事上受挫，永遠都有可能發生；重要的是，別讓挫折與失敗的感受蒙蔽自己，讓你無法從錯誤中學習，或讓你永遠不再嘗試。我很自豪那一天站上了起跑線，盡全力比賽，我知道自己已經盡了我一切努力。無論我是否受傷，比賽當天，任何事都可能發生。跑馬拉松真的需要勇氣，既然我曾經鼓起勇氣去跑，我知道自己未來還會再跑一次，我很慶幸，跑步讓我上了一堂課，一堂如何失敗的課。

●最後，它讓我覺得自由

無論何時何地，只要你想跑步，隨時都能跑；遠離讓人分心的事、工作、壓力和雜音，同時也遠離身為父母、伴侶、老闆或朋友的責任。雖然我們很愛他們，但也會因為他們的期望，讓自己備感壓力，這很正常。即使你偶爾想獨處，或想安排每天獨處的時間，都不要因此有罪惡感。

我剛開始跑步時，並不知道自己多需要擁有獨處的時間，即使只是每天二十分鐘而已。當時我兒子才一歲大，大多數的新手父母都很清楚，孩子剛出生的前幾個月，簡直一團亂。有個從早到晚一直黏著你的小小孩，而且不知不覺中，練就單手吃晚餐，或是花三十秒洗好澡，邊同時哼唱〈鯊魚寶寶〉（Baby Shark）：doo doo doo doo，或者每次出門時同時揹兩個包包，拿著手機、保溫杯，還拎著一個小小孩。

也是在那時，我老公病得很嚴重。大約是在我懷孕十九週時，他突然不明原因的腦出血。發作時，他先是從床上掉下來，摔在臥室地板上。我嚇壞了，呆站他身旁片刻，然後趕快拿起手機叫救護車。經過那晚，他出現癲癇病徵，在進行多種不同抗癲癇藥物時，無法工作。我們都嚇壞了，沒有人能保證這樣的事不會再發生。我們的世界瞬間起了很大的變化，我幾乎無法承受，感到極度的焦慮。我開始吃安眠藥才能入睡，即使如此，我仍輾轉難眠，害怕我老公又癲癇發作。有時才平靜了一段時間，他的癲癇又發作，我們也再度陷入擔心受怕之中。

我並不是說跑步讓我的生活一夜之間變好了。我沒有抓著我的跑鞋，看著所有的問題消失。生活不是耐吉廣告。不過，現在回想起那段時間，我發現當時的我有多需要那二十分鐘的跑步時間。有那麼幾天，我好想逃離自己的生活，真的遠遠的逃離這一切。獨自去跑步，給了我所需的自由時間，讓我遠離那些災難化的思考，擺脫恐懼和責任，哪怕只有二十分鐘都好。我們都需要自由，而運動是很棒的起點。

重要的是，找出哪一種運動帶給你最棒的感覺。如果你老覺得運動是種懲罰或乏味的日常瑣事，不妨試著改變你的看法。你可以去試著想想，將運動融入你的日常生活，對你的身心所帶來的好處。不可否認的是，如果想要擁有豐沛的精力，就一定多動。如果想改善睡眠品質，你需要多活動。如果想提升自尊心和自信心，就需要承諾自己，一定辦得到。以運動開啟你的一天，能帶給你成就感，也為接下來的一天，創造出更多的動力。別只是把我的話聽過就算了，自己試著動起來，我向你保證，你將感受到每一天早起運動，能讓你產生多大的改變。

If you want to get real about getting your goals happen, you have to get real about sleep.

如果你想確實實現目標，就得認真看待睡眠。

第4章

睡眠的力量

The Power of Sleep

「所以，你要我提早一小時起床，那**睡不飽**怎麼辦？」每當我向別人介紹全力一小時的概念時，這是他們最常問的第一個問題。然而，提早一個小時起床，並不表示你需要犧牲自己的睡眠。我們一生當中，大約有三分之一的時間花在睡眠上，而且睡眠絕對是保持最佳健康狀態不可或缺的。在我閱讀許多相關書籍，對睡眠更加了解之後，我就愈將睡眠擺在優先順位，而你也應該如此。

將睡眠放在優先順位，通常說來容易做來難。現代的世界，不但無法幫助我們獲得良好的睡眠，實際上，有時**反而**讓我們更難好好的睡覺。許多因素會影響我們的睡眠，以及睡眠品質；我們有24／7全球通訊，這也表示：無論早晚，你可隨時和身處地球另一端的朋友連線。如果你住在倫敦，任職於一家跨國企業，工作的常態是需熬夜到半夜一點，回覆電子郵件，並參加洛杉磯分公司的線上會議（我有幾個朋友，他們公司還要求他們每天待在線上十八小時）。現今，我們許多人的工作都需要保持通訊，有的是輪班，有的則是全天候保持連線。就算你不是工作到一大早，還是有千百個理由讓你熬夜。網飛（Netflix）與YouTube提供了大量的娛樂，誘惑你把影片看到飽；Instagram的新貼文或通知也一直跳出來；而我相信你的 WhatsApp 通訊軟體裡的群組中，一定也有許多等著你回覆的訊息。這些夜裡讓人分心的事物，再加上其他因素，如高糖和高咖啡因的飲食、缺乏運動、很少待在戶外、壓力和焦慮、人工照明還有作息不正常——難怪我們是一個睡眠嚴重不足，沒有活力的社會。

對許多人來說，睡眠似乎是一種奢侈，而不是必要的。我們的社會鼓勵我們把疲憊當成榮譽的象徵，彷彿我們選擇工作犧牲睡眠，就表示我們更盡責更努力工作。這種奮鬥文化，驅使想成為創業家的年輕人賣力工作，盡情玩樂，然後再努力工作。隨著兼職和斜槓職涯幾乎成了標準道路，年輕人結束朝九晚五的工作後，馬上又投入另一份晚五朝九的工作，這並不罕見。現代的父母，除了要撫養小孩外，也得兼顧事業。一旦他們度過了早年照顧小孩的不眠夜，訓練小孩上廁所和牙牙學語的階段之後，他們的夜晚開始變成做這些事：視訊會議、在運動場邊幫小孩加油歡呼、盯小孩做數學作業以及為了小孩，嘗試自製無麩質、不含乳製品與無堅果的青醬義大利麵。我很多朋友都是在把小孩哄上床後，又回到筆電前工作數小時後，直到累得撐不下去才上床睡覺。與此同時，我們的爸媽也是夜貓子，徹夜玩臉書上的拼字遊戲，以及瀏覽鄰居家貓咪的照片。說真的！大家都不睡覺了嗎？

睡得好，人生就會好

我一開始之所以嚴肅看待起睡眠的重要性，是在讀完馬修・沃克（Matthew Walker）的全球暢銷書《為什麼要睡覺？：睡出健康與學習力、夢出創意的新科學》（*Why We Sleep: The New Science of Sleep and Dreams*）之後。沃克在書中解釋，如果想過一個長壽且健康的人生，睡眠正是最重要的要素之一，並論證現代社會持續忽視睡眠，將會帶來毀滅性的後果。在讀沃克的書之前，我並不真的明白，睡眠影響我們的健康程度，並不亞於飲食和運動，甚至影響還更大。睡眠不足，與已開發國家中常見的重大疾病包括：阿茲海默症、癌症、肥胖、糖尿病都有極強的因果關係。我得老實說，這本書的統計數據會讓你震驚（我當然也嚇到了）。舉例來說，沃克指出「如果每晚睡覺的時間經常少於六、七個小時，會破壞你的免疫系統，罹患癌症的風險也會增加到兩倍以上」，而且：「四十五歲以上、每晚睡不滿六小時的成年人，一生中心臟病發或中風的機率比每晚睡足七到八小時的人高出二〇〇％。」下午四點，讀完第一章後，我很想立刻放下書，直接上床睡覺。我經常推薦很多書，不過唯有這本，是想改善自身健康的人，必讀之作。書中反駁了世界最成功的 CEO 每晚只睡四到五小時的傳統看法。這些被稱為

「短睡型的人」，常自誇睡得少，同時還給其他人貼上「懶惰」或「懦弱」的標籤。雖然我滿開放，對任何事都願意實測，不過我還是會聽沃克的建議：睡太少是我不會養成的習慣。

最能影響你是否發揮高水準表現的關鍵日常習慣，非睡眠莫屬。我所有的播客節目中最喜歡的一集是，採訪奧運跳遠選手潔絲敏・索耶斯（Jazmin Sawyers）。潔絲敏是一位非常敬業的運動員，即使如此，她還是用「天然懶」來形容自己（直到現在我還是不相信她這句話）。我訪問她時，她是這麼說的：

> 睡覺一直是我的祕密武器。每週我一定會記錄自己的睡眠情況；在我睡過有史以來最好的一週後，跳出了個人最佳成績。我其他一切如常：比賽前的訓練計畫也都一樣，睡眠真的是關鍵……睡眠的重要遠超出我們的想像，我們平時太習慣睡眠不足的狀態，我們覺得這樣沒什麼，直到你能長時間好好的真正睡一覺後，神奇的事突然發生了，哇！你的生活再也不一樣了。

重點是什麼？愛睡才會贏！

我在二〇一九年一場健康活動的後台，第一次見到睡眠科學家蘇菲・布斯塔克博士（Dr. Sophie Bostock）。蘇菲和我共同受邀在一個關於睡眠以及如何建立有效率的早晨習慣的研討會發言。蘇菲專攻的領域是心理生物學（psychobiology），這是一門關於我們的生物系統與身體行為如何交互作用的科學。心理生物學家研究我們的想法和感覺，如何與我們的生理連結，以便能好好地了解人類的感受。除了跟上最近對於睡眠的科學研究腳步外，為了讓人更認識睡眠的重要，蘇菲非常熱衷於幫助人理解數據。「睡眠是一切的基礎。它影響了我們的情緒、認知功能、注意力以及回憶能力，甚至是免疫系統的免疫力，」她對我解釋：「睡眠是良好健康狀態的基本條件，如果你擁有良好的睡眠基礎，那麼你就處在一個最佳的生活狀態。」那為什麼睡眠這麼重要？當我們在睡覺時，到底會發生什麼事？雖然我們還無法完全了解睡眠的功能，但至少知道我們入睡時，會發生三個關鍵過程，而這也經過研究證實，對我們整體健康相當重要；如果沒有它們，身體就無法維持正常運作。

首先，是當我們的身體修復並生成新的細胞的過程：肌肉修復和組織生長都在我們睡覺時進行，這也是為什麼當你規律做運動時，確保充足的睡眠對你有多重要了（特別是進行耐力訓練，或是將強度或重量訓練整合進你的日常訓練時）。如果睡眠不足，你的身體就無法修復和完全復原，這表示你的健身進度會變慢，同時受傷的風險也會提高。

睡眠的第二個功能是維持我們的大腦健康。如果你老是睡眠不足，那麼大腦的功能及大腦健康就會明顯下降。人類的身體構造複雜得不可思議，當我們健康情況良好時，我們幸福的完全不會意識到身體內部的運作；而唯有當身體出現異狀時，我們才會開始注意它。舉例來說，當我們在睡覺時，身體會自動強化我們的記憶，將當天吸收的新資訊儲存起來。此外，我們需要睡眠，讓大腦的膠狀淋巴系統能夠清除一整天所累積下來，由中樞神經系統所產生的廢棄物和體液，這麼一來，當我們醒來，大腦就能好好運作。因此，一旦睡眠不足，特別是長期睡眠不足，會對我們做決策的能力、注意力以及專注力產生負面的影響。在你試圖記住購物清單或電腦登入密碼感到頭昏腦脹，可能很煩，不過睡眠不足可能會演變成危險的情況，甚至是導致嚴重的事故。在英國，大約有二〇%的高速公路車禍事故，以及高達四分之一的致命嚴重道路車禍，都是來自於疲勞駕駛。

睡眠的第三個功能是支持我們的情緒健康。睡眠能調節負責食慾和情緒的荷爾蒙，而睡眠不足會導致控制情緒反應的功能失調。杏仁核是大腦中負責「戰或逃」反應的部分，過度疲勞會導致杏仁核過度活躍，增加壓力和焦慮感。如果你曾經因為睡眠不足，而感到易怒或過於敏感，你會很了解那是什麼感覺。你會發現自己為了原本完全不在意的小事而大喊。當我們發現愈來愈無法應付日常生活中無可避免的壓力時，這通常是我們需要多休息的警訊。

簡單來說，你目前的睡眠習慣（或者睡眠不足），毫無疑問會影響著你的生理與心理健康狀態，無論是正面或負面的影響。

你一天需要睡多久？

至於你需要多少睡眠，以及該如何睡、何時睡，要考慮的因素非常多。成年人每晚平均應睡滿八小時，已經是常識。「睡眠專家一致認為，成年人每晚的睡眠時間建議在七到九小時之間，」蘇菲對我說，「有些人帶有短睡眠的基因，因此他們需要的睡眠時間會比較少，不過我們認為這些人占總人口比例不到一%，所以你不太可能是他們其中一分子。」

想要衡量你自己的睡眠時間是否充足，可以試著回答以下幾個問題：

▼你每天起床時，是否覺得精力充沛、神清氣爽呢？
▼你是否常在鬧鐘還沒響之前就已經醒來了？
▼你是否在平日和週末，都差不多時間起床？

接著，再問問自己：

▼你是否通常在起床後一小時內喝咖啡？
▼你在搭火車或公車通勤時，是否很容易就睡著？
▼你在週末的睡眠時間，是否比平日多出兩小時或更多？

假使你在第一組問題的答案都是「否」，而第二組都是「是」的話，那你八成沒有睡飽；或是你睡得夠久，睡眠品質卻很糟，因此每次醒來後，還是感覺很累。反之，如果你每天晚上很容易入睡，起床後常感覺神清氣爽，而且一整天下來，不太需要依賴咖啡因或甜食來打起精神，那你應該就擁有充足的睡眠。對某些人來說，他們每晚需要睡七個小時，有些人則需睡滿八到九小時。

如果你確定自己睡不飽，那就要找出妨礙你睡眠的原因。一天只有二十四小時，那我們怎麼會經常認為明天或下週四突然就會多出額外的時間。如同生活中其他需要處理的事情一樣，如果睡眠對你很重要，那你就得把它擺在最優先的順位。不可否認，這不是那麼容易，特別是在壓力很大的時候——我們很需要好好睡一覺——卻發現很難轉換心情或冷靜下來，真正的入睡。尤其當你身處高壓環境下，需要賣力工作趕進度時，要做到就更加困難。我們會很容易認為，熬夜趕進度比在床上多睡幾個小時更重要，但事實證明，睡個好覺才能讓你的工作表現更傑出、更有效率。人需要好好休息，才能拿出最佳表現。

此外，在重要事件（考試或面試）前夕睡不安穩也很常見；諷刺的是，知道我們需要好好睡一覺的想法，反而讓自己備感壓力，結果讓我們每小時都在看時鐘，直到該起床了為止。每當發生這種情況，真的令人感到沮喪，但要提醒自己，僅僅一兩個晚上沒睡好，並不代表世界末日；重要的是維持良好、規律的睡眠模式。

蘇菲建議不妨花上幾星期，寫下你的睡眠日記，記錄你每天晚上的睡眠時間，以及隔天起床時的感覺。進行幾星期後，你自己應該就能看出你的睡眠模式，以及它和你的情緒、精力之間明確的關聯。睡眠日記是全面呈現出你目前的每日睡眠模式的好方法，但要記住，記錄時不要太著墨細節。多數人只有當他們覺得睡得不好時，才會想開始分析自己的睡眠模式。目前的睡眠追蹤科技都還不成熟，大部分提供睡眠追蹤功能的智慧手錶和健康管理App，都不是很精準。在最新的睡眠研究中，研究人員就提出了警告，認為那些睡眠記錄科技其實無法提供精確的數據，更糟的是，這種科技反而導致人們太過於在意記錄結果，反而加劇了失眠的症狀。假使你已經很焦慮自己睡眠不足，於是整晚戴著睡眠記錄裝置，每天一早起床就立刻查看裝置所記錄的資料，結果發現你一個晚上就醒來七次，這樣不可能有效改善你的睡眠品質。這只會讓你更難好好休息。一般來說，我認為最好是靠你自己評估自身的活力高低和情緒狀態寫睡眠日記，而不是依靠設備。睡眠習慣很可能會隨著季節變化，我們的睡眠模式也會自然隨之改變——依據白天時間長短、室內溫度變化，甚至女性的生理週期等等都有影響——所以不要擔心睡眠問題而讓自己失眠。

但是等等，那些新手父母呢？對於那些身邊沒有跟著一個需要全天候關心的小小孩、無需在你平日理想的睡眠中付出額外心神的人來說，前面提到的聽起來都很美好。然而在許多筋疲力盡的父母眼中，睡覺可是頭等大事（發明「睡得跟小嬰兒一樣」這句話的人，鐵定是在開玩笑）。在新生命報到的頭幾個月裡，你可能會覺得自己正參加故意剝奪睡眠的人類折磨實驗，而你剛出生的小孩就是魔王。我有位朋友，曾經有一次開玩笑問我：「為什麼我的寶寶這麼恨我？」她說：「她一定是想殺了我吧？難道她不曉得我願意為了能立刻睡上六小時，拿任何東西去交換嗎？」玩笑話先放一邊，照顧小嬰兒原本就很累人，再加上六個月難以入眠的夜晚，這就是父母要付出的代價。替嬰兒和小小孩建立良好的睡眠習慣，是你能睡個好覺的關鍵；而長期睡不安穩，絕對會對你的情緒與健康產生負面的影響。不過蘇菲表示，我們不用現在就把擔心放在前頭，「人類天生能應付暫時的睡眠挑戰，況且睡眠本來就有許多不同的形式，」她提醒我，「如果有幾個星期、甚至是幾個月，你的睡眠遭受干擾，先不要慌張，重要的是在盡可能的情況下，恢復你原本良好的睡眠習慣。如果你想要為孩子建立良好的睡眠習慣，也同樣適用這些原則。飲食、日常活動、曝露在智慧型手機和螢幕的藍光下，都會影響小孩的睡覺能力。」到目前為止，身為父母，我買過最棒的東西是一個要價四十英磅的 Gro-Anywhere blind 可攜式遮光窗簾。現在每當我的朋友懷孕了，我都會買這個好東西送給她們當作禮物。雖然泰迪熊和嬰兒服的確很可愛，但這個禮物可以幫她們睡個好覺。相信我，當你收到禮物時會感謝我的。

因此，如果你的小孩讓你整晚睡不著，那只能安慰自己，這種情況不會永遠持續下去。也許這說法聽起來像廢話，但在非常時期，最好的建議是：能睡多少算多少。想想看，你能掌控哪些事？也許你會認為，提早四十分鐘上床好像沒有什麼幫助，但是如果一週持續下來，你不就多了額外四小時的睡眠時間？再想想，你的另一半是否有可能和你交換晚上看顧小孩的時間？小孩睡覺時，你是否也可以打個盹？找出目前最適合你的方法（然後，也要盡量避免太麻煩的做法）。

新手父母為睡眠而奮戰是很常見的，另一場全面性的睡眠戰爭也正在開打——性別戰爭。是的，你沒聽錯，身處在由男性創造、主導的世界裡，即使黑夜降臨，性別間的鴻溝卻仍然持續著。我相信你一定知道所謂的性別薪資差異（女性通常比男同事少賺一七％），可是你知道嗎？女性與男性相較之下，睡眠不足的狀況也類似嗎？會造成這種情況的原因有很多，例如，傳統上女性會負起較多家庭情感，做較多家事的責任，另外，睡眠在生理上的影響，也是男女各有不同。在女性的一生當中，造成她睡眠不足的因素有很多，像是荷爾蒙分泌的變化、哺乳期與生理期疼痛，還有更年期盜汗問題等等。最近一份英國研究報告更指出，許多女性在睡眠問題上，最困擾的是她們另一半的打鼾聲。

如何盡快解決短期和長期的睡眠問題，是優先思考的當務之急。尤其是女性，確保妳找回應得的睡眠。

你可能聽過「夜貓子」和「早鳥」這兩個名詞。大多數人，尤其是遇到清晨五點就起床那些人，就會自稱自己是夜貓子，但你真的確定是如此嗎？我有一次訪談英國國民保健署的醫師、同時也是電視節目主持人柔依．威廉斯（Dr. Zoe Willams），討論到這兩者的差別。「這根源於我們的基因，也被稱為你的生理時鐘類型，通常會存在於你的家族成員中。舉例來說，我的家人全都是夜貓子。」她這麼解釋，「從基因學的角度來看，我們每個人都早早就被定型為某一類人，不是夜貓子就是早鳥；意思是，如果你在生理上就不屬於某一類型的人，那麼要你早早起床，在早上九點前就開始工作，會是相當困難的事，因為就生理上來說，每天的上半天時間，你的身體在自然情況下會很想休息。」一看到這裡，你或許會想：**啊哈！我就是這樣，難怪是夜貓子！**不過這裡需要注意的是，也許你的生活型態正是蒙蔽你的因素，讓你誤以為自己是夜貓子；僅僅只是你多年來習慣熬夜，並不代表你天生就是個夜貓子，因為一個人的生活方式和社交活動行程，或許對於睡覺時間的影響，比骨子裡的基因，影響更為顯著。

以下幾個的特質，可以幫助你了解自己的生理時鐘類型：

- ▼早鳥型的人通常在早上的胃口較好，而夜貓型的人多半會跳過早餐不吃。
- ▼早鳥型的人大多在早上進行需要專注力的工作，例如寫作，夜貓型的人則在晚上較擅長這類型的工作，而且常會一路工作到天亮。夜貓型的人多半過了晚上八點才吃晚餐。
- ▼早鳥型的人偏愛在中午前運動。

當我說自己是早鳥型的人時，相信你一點都不會覺得意外。大部分的日子裡，我都在早上五點半前就起床，而且我的工作表現在上半天比較好——當然也未必總是如此。我還是一名舞者時，曾經持續近兩年時間，每晚在西區劇院的音樂劇演出；晚上的表演時間從七點半開始，晚上十點十五分才結束，那是非常緊湊的搖滾音樂劇，在台上表演的張力也非常狂野！每當在超過兩千名觀眾前表演完畢，於深夜離開劇院之後，身體還能感覺因腎上腺素大量分泌，心跳急速增加。我走到霍本（Holborn）車站後，會買個三明治和幾塊巧克力吃，然後在坐車回家的路上讀一點書，這是我讓情緒平靜下來的方式。通常我會在晚上十一點半回到家，而且精神仍然相當不錯，接著邊洗澡邊唱歌直到午夜時分。這份工作改變了我的生活型態好幾年，如果回到當年，我一定會認為自己是個夜貓子，那麼，我到底是天生早鳥型的人，或者純粹只是因為習慣了新的早晨日常活動？

於是我問柔依，人是否有可能改變自己的生理時鐘，把身體訓練成為另一種類型？生理時鐘有時又稱為入睡／清醒周期，就像是身體內部的二十四小時時鐘，它會以規律的間隔，在睡眠與清醒之間不斷地循環。柔依是這麼回答的：「睡眠模式可以改變，但基本上還是會有某一類型的表現比較明顯。如果你想重新建立模式，最好確定你能持之以恆，不然很容易再回到固有的模式裡。」因此，如果你想把鬧鐘調前一小時，我的祕訣是，你應該設法提前一小時上床睡覺。這聽起來是顯而易見的做法，但你會很驚訝居然多數人從來沒這麼做過，僅僅抱怨一大清早起床根本不可能。我在第一次實行自己的全力一小時而必須早起時，我發現最大的挑戰就是，提早上床睡覺；對我來說，要下定決心放下手機，認命地入睡，比一大清早起床跑步，需要更大的意志力。為了避免再多滑手機十分鐘看迷因，你需要忍者般的自制力。然而，一旦你固定了就寢時間，請相信我，起床就變得超級容易。不妨試著認真執行一星期，接下來的七天中，提前一小時上床睡覺，如果持續下去，那麼到了第八天，你或許會在鬧鐘響起前就已經清醒，準備好做任何事情了。千萬別低估不起眼的微小改變，所能成就的巨大影響力。別再說什麼「如果」、「但是」了，就是一小時！

三招改善你的睡眠

讀到這裡，我希望你至少能同意，那就是睡眠非常重要。不過，了解這件事只是第一步，接下來你應該怎麼做呢？雖然我已經點出了幾件可能會破壞良好睡眠習慣的因素，我還要再分享幾個能讓你立刻運用，並對睡眠有正面助益的方法（請注意：如果現在已經過了你的就寢時間，請立刻放下這本書，等明天一早你已經獲得充分的休息，恢復專注力之後，再繼續讀下去——因為接下來的內容非常重要）。

以下是三個幫助你改善日常睡眠的方法，讓你在醒來時，會覺得自己已經準備好全力一小時：

1. 打造讓你平靜且放鬆的睡眠環境

你的臥室應該要安靜，而且沒有任何干擾。房間要盡量避免吵雜、凌亂，可能的話，也要避免把工作帶進臥室裡。一天結束時，如果你還是看到那些讓你想起工作計畫、待辦事項、工作訊息等的事物，將很難平靜地為這天劃下句點。

把臥室的燈泡或枱燈換成低瓦數的，並在晚上八點後，避免太強烈的光線。當你入睡時，室內要愈暗愈好，因為就算一點點微弱的光線，都會影響睡眠品質。美國國家睡眠基金會（National Sleep Foundation）建議我們這麼做：「在臥室裡適當地遮蔽人工光源（例如把鬧鐘轉向，讓螢幕上的數字燈光離自己遠一點），晚上只有在真的需要時才開燈。」我因此買了遮光窗簾，讓臥室盡可能保持黑暗，也不放任何高科技產品，如此一來當我關燈後，就算把手放在面前也幾乎看不清楚。說真的，這需要時間來適應，不過這也讓我在大部分的夜晚，可以一口氣睡上七到八個小時，中間完全沒有醒過來。我出外旅行時，一定會在旅館的鬧鐘前放一張紙或一本書，把數字燈光遮起來，可以的話也會拔掉電視的插頭，消除電視機上稍嫌惱人的紅色電源指示燈。如果你無法讓自己的房間變得夠暗，也可以考慮戴眼罩睡覺。

在臥房擺放一些盆栽植物，會讓你有平靜與安心的感受。植栽不僅僅能提升房間的設計感，也能改善你的睡眠。有些植物，像是常春藤本身就是天然的空氣清淨機；常春藤通常是室外植物，一旦擺進室內，就能在短短幾小時大幅減少空氣中懸浮的黴菌——對於深受過敏所苦的人可是好消息！我在臥室和浴室裡都擺放常春藤植物，它們不太需要照顧，生命力相當強韌（簡直是室內植物界裡的金魚）。其他像是虎尾蘭類的植物，能夠在夜裡釋放氧氣，也被認為有助於睡眠。同樣地，你也可以在床邊擺一盆薰衣草，這樣就能隨時嗅聞它沉穩的香氣，而且研究證實這的確可以降低血壓及心跳率。大部分的夜晚，我會在就寢前朝枕頭上噴一些助眠枕頭噴霧，這在旅行時特別有效：無論我在世界哪個地方，只要噴上助眠噴霧，就讓我想起家裡的床，而那氣味也讓我想起了睡眠。也許這只是一種安慰劑的作用，但至少聞起來還不賴，而且你也沒有任何損失，對吧？

當你創造了夢幻般的睡眠天堂後，接下來就要盡可能排除所有高科技產品：不要放電視機、筆電，連手機也不行！馬上去網路上訂個便宜的鬧鐘，不要再用手機當鬧鐘了（你之後會感謝我的）。高科技產品絕對是就寢前最干擾睡眠的事物，再加上手機螢幕發出的藍光，會像正午的陽光一樣，刺激大腦的同一部位。研究顯示，藍光對於大腦功能的影響，就算在停止看螢幕後，仍然可以持續長達九十分鐘；因此，如果你晚上十一點還在盯著筆電，那麼直到凌晨，你還無法進入深度睡眠的狀態。要降低這種傷害的影響，比較簡單的做法是戴上抗藍光眼鏡，可以減少高科技對眼睛、大腦和睡眠的傷害。

最後一點，在你能夠負擔得起的範圍內，盡量購買最高品質的床墊。現在有許多床墊商都提供九十天的試躺方案，所以稍微挑剔一點也無妨。這麼形容或許有點奇怪，但是挑一張好的床墊，就如同在選美髮師一樣，雖然需要花上多一點的時間，但只要遇到了，你就知道那是最適合你的那一個。

2. 吃得好，才睡得好

你吃了什麼、哪時候吃的，以及**怎麼**吃的，都對你的睡眠模式以及活力充沛與否，有著顯著的影響。飲食的流行趨勢以及健康頭條，似乎每週都在改變，面對這麼多不同的建議，真的會讓人無所適從，而且我們也很難分辨，這些瘋傳的資訊當中哪些才是事實。很多時候，我們大多只關心體重管理和減肥上，但飲食和營養遠不只這些。舉例來說，如果你一整天都吃高糖分的加工食品，那麼血糖值會飆升得特別快，接著再快速下降，這時如果你趕快喝上一杯咖啡，或是補充更多糖分來刺激自己，同樣的模式會再持續下去，讓身體很混亂。先撇開卡路里的問題不說，這樣子持續變化的血糖值，就代表示即使你晚上有睡飽，但你仍然一整天還是會覺得很疲倦。廣義上來說，那些可以幫助你改善睡眠的飲食建議，與能夠改善你健康狀態的飲食建議非常類似，這類建議中會包括攝取多種不同的碳水化合物、蛋白質、脂肪和纖維質，同時也會要求降低攝取加工食品與酒精。

哪些食物有助於睡眠？你應該會很驚訝，有些食物居然天然含有我們稱為褪黑激素（melatonin）的荷爾蒙，這是讓你的身體感覺想睡覺；例如多吃蛋類、魚類、杏仁和櫻桃等食物，就能夠幫助你一夜好眠。而含有大量鉀和鎂含量高的食物（天然的肌肉鬆弛劑），也有助於改善睡眠（香蕉是這兩種元素的最佳攝取來源）。你或許曾聽過一種說法，那就是在睡前喝一杯溫牛奶，可以幫助睡眠。不過到底是因為牛奶本身的效果，還是因為睡前一杯熱飲讓你感到舒適而好睡呢？（很重要且必須先理解到的一點是，近十年的大型食品效用研究，都是由乳製品行業贊助進行。）一份研究顯示：「就科學角度來看，牛奶中所含的色胺酸（Tryptophan）與褪黑激素，可能與改善睡眠有些許關聯，不過更可能、且有力的解釋是，我們從小時候開始，就將一杯溫暖的牛奶與就寢時間在心理層面上做出了連結；就像一杯熱茶、一杯溫牛奶，為放鬆的上床時間提供了完美的舒適背景。」至於我最愛的睡前飲料是南非國寶茶（純天然無咖啡因），或無咖啡因的燕麥奶茶。

睡前吃大餐，可能會干擾身體準備睡覺的進程。因此，作家兼醫師蘭甘・柯特吉（Dr. Rangan Chatterjee）建議，在睡前三小時吃最後一餐。理想情況下，你不應該餓著肚子去睡覺，但同時也要讓你的身體在睡覺前，有足夠的休息與消化時間。當然，我們有時難免會很晚才吃（例如社交活動和假日），但是如果平時在家能夠養成最晚七點一定要吃晚餐的習慣，那就有助於改善睡眠品質。

如果想要早點上床就寢，好獲得充足的睡眠，但躺在床上時卻感到警覺與清醒，那就試著在飲食中減少、甚至完全避免攝取咖啡因，這或許會是個不錯的開始。咖啡因（全世界最受歡迎的藥物）是一種興奮劑，可以增強認知功能及注意力，並且使你的情緒處在亢奮狀態。無論是喝咖啡還是含咖啡因的能量飲料，許多人都宣稱他們**非常需要**咖啡因，才有辦法保持早上警覺和清醒，他們在一天稍晚時候，也會需要咖啡因來提高他們的精力。和其他藥物很像，一旦你天天喝咖啡，假以時日就會增加對它的耐受力，因此需要更高劑量的咖啡因，才能得到相同的效果。或許你覺得，每天喝上兩杯馥列白咖啡（flat white）根本不算上癮；不過從廣義的角度來看，所謂的成癮泛指你需要不斷重覆進行某種行為，否則就會出現明顯的戒斷症狀。假使你每天會喝上兩杯或更多咖啡，忽然有一天你不喝了，那一開始你可能會感到頭痛、情緒低落，注意力難以集中——不要懷疑，這就是戒斷症狀。

談到睡眠與咖啡因的關係，影響因人而異。問題是，對許多睡眠品質很糟的人來說，當他們白天覺得疲倦時，會尋求咖啡因或能量飲料來提神，但這又導致睡眠品質變得更糟。這是一個很容易讓人陷入但很難打破的負面循環。這也就是為什麼蘇菲會建議我們在中午前攝取咖啡因，因為咖啡因會在人體內停留六到十二小時，所以如果是下午喝了咖啡，就會不利於睡眠。如果想要減少攝取咖啡因，可以考慮改喝低咖啡因咖啡，而不是完全不喝（還記得本書第79頁談到如何替換無用的習慣嗎？）。

3. 在白晝外出

白天在戶外自然光的照射下，有助於調節你的生理時鐘，這是由大腦中稱為下視丘的區域所控制。例如，白天光線與天黑等外在因素會傳送信號給下視丘，告訴我們目前應該是睡覺或清醒的時間。這也是為什麼蘇菲會建議在每天中午前，都該去戶外來感受一下陽光，因為這是讓身體進入清醒模式最有效的方法。如果你的全力一小時中沒有包含戶外時間，那麼可以考慮改騎腳踏車上班，或在午餐休息時間，去公園散個步；不然，至少也要在清晨時拉開窗簾，讓陽光進入到室內，避免在黑暗中還賴在床上起不來（即使週末也要這麼做）。如果冬季，想要在日出前起床，這時候可以考慮購買模擬日出效果的鬧鐘，例如 Lumie 時鐘。他們的設計原理，是透過光線逐漸變亮或變暗，來模擬日出或日落。幾位曾上過我播客的來賓，像是維妮堤亞・法孔納（Venetia Falconer）和安妮・克拉克（Annie Clarke），都非常推薦在全力一小時中使用這種產品。曝露在自然光下，可以提升大腦在白天的機敏度，進而幫助你在夜晚能夠睡得更好。

當一天結束，天色開始變暗，大腦就會發出訊號，告訴身體開始釋放褪黑激素，但這個過程很容易就被時差、輪班工作或深夜狂看網飛，而全盤打亂。再加上我們都住在有電力供應的房子裡，直到我們睡前，家中通常會保持燈火通明。夜晚的明亮光線會擾亂身體內部的節奏，這意味著即使你疲累不已，躺在床上還是難以入睡。你可以做個小實驗，晚上九點一到，就關掉家裡所有電燈，改點蠟燭。你八成在一小時內就哈欠連連，昏昏欲睡了。

如果你已經做足了一切你所能做到的準備呢？臥室裡沒有高科技產品，早上運動，改喝低咖啡因飲料，房間內保持昏暗，還擺滿了植物——但是當你躺在床上時，還是因為思慮過多難以入睡。有些夜晚，你的頭才一沾枕，突然變得比以往任何時候都清醒。當內心不自覺開始自我對話時，就很難停止雜念讓自己入睡。我的情況通常是這樣：**今天過得還不錯。我得記住明天要回覆納塔莉的訊息；噢，對了，我忘了寄信給潔西，告訴她我把簡報轉成**

PDF寄給她了。等一下，今天星期幾？是星期二，真等不及星期四要跟艾西亞見面，不知道她訂好餐廳了沒，那家店很熱門，我們應該早一點訂的。哦，床很舒服呢；啊，糟了！賈德的游泳課是明天的五點還是五點半啊？我應該再確認一下；好了，可以睡了，星期五前還有一堆事要做呢！不過別擔心了，先睡再說。欸，等一下！好像可以想想脫歐這件事，還有氣候議題；哎！趕、快、睡！

是不是覺得很熟悉？類似的夜晚一再重演，這也是為什麼我會在床底下放一本筆記本的原因了。我會乾脆把所有湧上的思緒和問題全部記下來，然後闔上筆記本。這麼做的理由有兩個：首先，這麼一來我就不怕忘記重要的事，因為我已經寫下來了，**可以**暫時把它拋在腦後並放下心來；第二，寫下這些事的過程通常會讓我**覺得**有點累，然後我會在幾分鐘內開始打起哈欠；任務完美結束！

通常，我們感受到夜晚思慮奔騰，是因為白天實在是太忙了，事情忙過一件又一件，根本沒有時間全面整理自己的想法。當我與那些成就非凡的人士聊起他們的日常作息時，十個人裡頭會有九個告訴我，他們會做一些類似正念的練習——可能是冥想，或練習呼吸或寫日記。但是他們一致同意，掌握、熟練正念技巧沒有捷徑或密技：它需要的是耐心和時間。以我個人來說，我從來沒有真的致力於冥想，可是你知道嗎？我一點也不在意。過去有許多人一再告訴我：「艾德莉安，妳真的該好好學習怎麼冥想，這真的很重要。妳跟其他人一樣，都需要冥想。」有時這讓我覺得自己像是叛逆的小孩，被開悟的朋友們棒喝。在這種情況下，我的免罪卡就是呼吸法。

呼吸法，真的很大程度地改變了我很多，每當我學得愈多，就愈想多練習它。如果你不太清楚什麼是呼吸法，請允許我為你稍做解釋。呼吸法，是一種需要你有意識的改變呼吸模式的練習。也許是很簡單的，在幾分鐘內以規律的節奏吸氣、吐氣，或是可以用更強而有力的呼吸模式，來大幅增加體內的含氧量。呼吸法得要花上一點時間才能適應，但就我自己的經驗來看，它的好處是立即可見的。我上過不少呼吸法的課程和工作坊，也曾和瑞奇・巴斯托（Richie Bostock）進行過一對一的呼吸法治療，他常被稱做「知道如何呼吸的人」，也是《吐納》（*Exhale: The Science and Art of Breathwork*）一書的作者。

人稱「冰人」的呼吸法發明者溫霍夫（Wim Hof），是荷蘭極限運動員，他發明並推廣自己的呼吸法練習——冰人呼吸法（Wim Hof Method，WHM）。他運用他稱為「呼吸的威力」的概念，親自示範許多不可思議、有時甚至難以置信的驚人表現；他是屏住呼吸在冰層下游泳的世界紀錄保持者，並完成以赤腳在冰天雪地中跑完半馬的紀錄；同時也是許多醫學研究的實驗對象。溫霍夫運用呼吸法的技巧，在醫學博士面前展現他能做到過去被認為不可能做到的事，同時也可以教會別人做出相同的事。科學記者，同時也是《呼吸：失落藝術的新科學》（*Breath: The New Science of a Lost Art*）一書作者詹姆斯．內斯特（James Nestor）說：「關於呼吸法以及人類的潛能極限，到目前為止，我們所知道的都只是皮毛而已。」

經常練習呼吸法的好處包括：增強免疫力、過往傷痛和創傷的情緒治療、提高自我意識，以及降低壓力。我無法推薦足夠的呼吸法，但你也不必完全相信我說的。你可以自行研究，親身體驗。

如果你因為壓力太大而難以入睡眠，那麼開始正念訓練，是很棒的壓力管理工具。我之所以稱為壓力「管理」，原因很簡單，因為我們需要的就只是：管理它。其他像是**避免**產生壓力的建議，其實都不切實際，因為我們無法排除生活中所有的壓力。

人們一再說，壓力對人體有害，壓力會讓人老得快，也是慢性病與各類疾病的根源；不過可以肯定的是，老聽到這些說法，只讓我們更有壓力！健康心理學家凱莉．麥高尼戈爾（Kelly McGonigal）說，我們應該要了解自己面對壓力的心態。她解釋，雖然承受壓力或許會帶給我們一些負面影響，但我們**感受**壓力的方式，可能也和壓力本身一樣有害。如果總是對自己說生活充滿壓力，深信壓力是有害的，等同將自己的身心都處在痛苦中；可是，如果你相信自己能夠從日常壓力中受益，那就等於是把高壓的情況，轉化為觸發自己行動的催化劑。你是否認為壓力害你無法進步？或是你認為壓力能增加你的心理彈性，和解決問題的能力？我們常聽人說，他們在壓力下表現反而更好。面對截止日伴隨而來的壓力，鞭策他們更快完成手上工作，並交出高於水準的成果。

凱莉說，那些相信壓力有害，試圖逃避壓力的人，從統計上來看，是離婚的高危險群，也更不容易升遷。透過避免壓力或逃避和另一半起衝突，你將迴避困難但很重要的對話。這只會讓你以後更不快樂（還有壓力也更大）。同樣地，如果你想討好所有人，來避免職場上的壓力，最終也只能順應群體的方針工作，很難扮演專案領導人的角色，更不會有機會扛起更大的責任。讓自己置身在壓力下，或者說離開舒適圈，或許讓人壓力很大，但這並不全然是壞事。

另一種看待壓力的方法是：一般來說，我們只對自己在意和關心的事，感到壓力或煩惱。所以，感到有壓力，就表示你的生活中還有值得你珍惜的事物。

我常以反詰的方式思考：**艾德莉安，你真的很幸運，還能煩惱這些問題**。我在這裡想表達的是，背負貸款和帳單，可能壓力很大，但這同時也表示我擁有並住在一間不錯的房子裡；對於妥善管理個人時間以及社會承諾感到有壓力，這也表示有很多人願意將時間花我身上——這又是一個不錯的煩惱。

我並不是說生活裡的所有問題，都只是塞翁失馬、焉知非福，但是當我在夜裡試著入睡時，如果這些事會讓我睡不著，我會傾向以這樣的觀點來看待壓力清單，並感恩還有那麼多事情值得我深入關心。

事實上，現今世界仍然不斷要求我們付出更多的時間及精力。這個世界持續提供我們新奇有趣、讓人容易分心的事物，看起來比睡覺更有趣和更刺激——但這只不過是藉口罷了。我們是人類，演化的速度不像高科技一樣快。幾萬年來，我們身體的變化過程一直保持不變。無論你喜歡與否，人都需要睡眠，如果我們總是睡眠不足、筋疲力竭，就不能期待自己的最佳表現。

每個人都想感覺很棒！而不可否認的，我們的心情和是否有活力，與睡眠息息相關。睡得好，感覺就好，活得也更好；假使你總覺得自己疲憊不堪，又該如何創造你喜愛的生活，而且真正地活在當下？如果你想實現自己的目標，請先好好睡一覺。

If I want to
learn from
someone,
I will watch
what they do
before I listen to
what they say.

如果我想向他人學習，
我會先觀其行，再聽其言

第 5 章

人的力量

The Power of People

「獨自一人只能成就小事，齊心協力終能造就偉大。」

——海倫・凱勒（Helen Keller）

斯巴達超級野獸賽（The Spartan Ultra）是一場全長四十八・二八公里，沿途設有六十處障礙關卡的路跑競賽。比賽對參賽者設有嚴格的完賽時間限制，所以很多參賽者根本無法跨過終點線。賽事中的障礙關卡難易度都不同，需要結合運用許多技巧、力量和耐力，才有辦法一一闖關；此外，比賽場地每一年都會改變，即使是世界上最強悍的運動員，也都得把自己的體能逼到極限。

這個賽事最吸引我的是，你幾乎不可能獨自一人完賽；裡頭有許多障礙關卡，需要你和其他參賽者齊心協力闖關，才能前進到下一關。想像一下，當你終於跑到十六公里處，天氣寒冷無比，而且你全身都溼透了，還沾滿泥巴，此時你的身體開始感到疲倦——但這還只是全程的三分之一！然後，你面前出現了一堵八英尺高的關卡「翻越奧林帕斯」（inverted wall），你站在牆腳下，唯一克服它的方法，就是與其他參賽者合作，互相拉抬彼此跨過去。假使你跟其他兩名選手合作，讓他們在你下方形成堅實的支撐，然後你就可以穩穩爬上、站到他們肩上，再攀上牆緣；而當你抓牢牆頂部把自己拉上去後，你應該不會回頭說：「謝啦各位！祝你們好運！」然後頭也不回地跑走吧？而是回頭把那兩位幫助你的參賽者一一拉上牆頂。組隊打怪，是贏得比賽唯一的方法。

斯巴達障礙賽就如同人生。沒錯，我們每個人隨時都需要動機與勇氣前行，但我們同時也需要他人提供實質上的支援。人生中總會有一種目標，是無法靠自己一個人達成的，找到能幫助你的人，同時你也要願意開口尋求支援。你在哪方面的力量不足？你認識誰可以幫你翻越這一道牆？想想誰也曾和你一樣站在這道關卡面前，而且知道你打算實踐的目標；一旦你跨過了障礙，請永遠記得要回頭看一下，下一個在你身後的人。然後，也拉他們一把。

族群、社區、網絡、團隊——不管你怎麼稱呼，人類這個物種之所以能夠生存，依靠的正是與他人互相合作生活的能力。在過去幾年，我對於人際關係及社群網絡的力量有了愈來愈深的體會。我談的，不限於工作或事業的網絡，還包括友誼，以及個人的人脈。我看到了與他人合作有多重要，也發現了從典範人物與良師益友獲得助力的價值，以及我們如何反過來影響並引領他人。這些經驗讓我學到（有時是困難的方式），你從某些人際關係中獲得的能量，遠比你能提供給別人的更多；而有些人會自然而然的激發出你最好的一面，另外一些人則是不斷地挑戰你。我們生活中出現的人，無論好壞，都深深影響著我們；認識這一點，是控制人的力量第一步。

團體動力

人類沒有能力獨自生活。與他人隔絕，對我們的健康有極大的負面影響。我在新冠肺炎疫情期間，訪問過科學家兼記者的瑪塔・薩拉斯卡（Marta Zaraska），討論社交隔離對於心理及情感的影響，並談到與他人隔離，如何成為除了不良飲食、睡眠不足、缺乏運動以外，對人類健康最有害的事。

我在研究飲食、運動、心理學的過程中，看到了更宏觀的關鍵。有些事很簡單，但很重要。而我們的社會聯繫、生活與交流模式，以及我們的心理狀態，在影響我們的健康上，其實比任何我們會在意的因素，例如飲食或運動等等，都來得更加重要。

生活在群體中，代表我們在潛意識裡願意遵守某些社會契約，也就是行動與行為在一定程度上符合該群體所認可的範圍。而這幾乎影響了我們所有人生活的每一個面向：包括穿著、談話與思考的方式，甚至是行動方式。舉例來說，你八成不會穿睡衣去上班；搭飛機不戴耳機就把音樂大聲放出來聽；或是故意在門牙上卡著菠菜，大搖大擺地走在路上。無論你喜歡與否，從眾是人類的本性之一。我們骨子裡的基因想讓自己和別人一樣，這樣才能融入群體，進而生存下去；在史前時代，如果有人被部落踢出去，基本上就等同於宣判他死刑。當然，現在的情形已不再是如此，但我們仍然深深地在意自己在團體動力（group dynamics）中所扮演的角色。現代的社會崇尚個人主義和獨特性，但大多數人在本質上還是渴望得到群體認同，尤其是當我們年紀還小的時候。即使是在遊戲場上，依然存在社會階級，我們會很快地試著找到在這裡自己的角色：一個孩子跳出來當「老大」或「頭頭」的角色，其他孩子則心照不宣的遵循該有的階級。即使才四歲的孩子，也會出現與其他同齡孩子結盟的行為。

而你屬於**哪一個**族群，也會對你的處境和發展有很大的影響。這也是為什麼父母總是在意孩子在學校裡結交了哪些朋友：他們清楚同儕對自己小寶貝的影響有多大，這就是為什麼他們希望孩子周遭是一群正面好榜樣，或至少也要和那些看起來「本性不壞」的朋友一起玩。在我們的成長過程中，社會影響力和順應社會規範會套用在生活中大部分的領域，從日常中最微小的習慣，到能夠改變整個人生的行為。舉例來說，如果你的朋友們每一次約見面時都會遲到，你可能也不會擔心和他們相約碰面遲到——因為這很顯然是你所處的群體能夠接受的行為。如果你的團隊夥伴都是素食者，那麼當你們下班後一起去吃晚餐，即使你根本不是素食者，你也不可能點一客牛排來吃。社會影響力也很可能在更重要的層面影響你，從你的收入多寡、是否有能力買房，甚至是你生了幾個孩子。

我們都聽過「物以類聚，人以群分」這句話，但我更感興趣的是：「先有雞，還是先有蛋？」這樣的問題。我很多朋友也都喜歡慢跑，原因或許出在**我**對跑步有與趣；但也可能反過來，**因為**我很多朋友都愛跑步，所以我喜歡跑步？在某種程度上，兩種說法都是對的。我們身處在影響圈中，當我們看到其他人表現出做某件事看起來稀鬆平常或「正常」，也會影響我們認為什麼是正常的。當我的朋友開始為競賽而訓練時，這自然也會讓我想參加；如果他們能在工作和家庭生活之餘同時兼顧訓練，那我也一定可以。還有，我知道，競賽週來臨時，如果所有的朋友都趕著去機場，現場排飛往巴賽隆納的航班，我會覺得被排擠了，為什麼都沒找我一起去。該死的錯失恐懼症！

在現實生活中，大多數人都會同時隸屬於一個以上的小團體。當我們還年輕時，友情都是來來去去的，而且很容易自動劃分為不同的小團體：運動型的，很酷的，成績頂尖的。儘管，真實世界不像電影《辣妹過招》（*Mean Girl*）裡的學校餐廳那樣誇張，不過在虛構劇情背後，多少仍呈現了事實。這種潛意識的選擇，深受我們個人的興趣、文化背景以及親疏所影響，當我們逐漸長大成人後，形塑我們的個性。就算長久下來逐漸撕下某些標籤，我們仍然會再被貼上新的標籤：像是母親、跑者或是企業家。現在的我，隸屬於許多不同的朋友圈，我在其中扮演著不同的角色，所以這些角色都來自我原本的個性和特質，但每個群體都要求我以不同的面貌呈現。我可能不會像對待老同學一樣，跟我的工作夥伴互動。換句話說，我們可能會依照自己和群體間的關係，以及身處於團體中的角色，而表現出不同的活力與行為模式。

由於工作性質，我有許多朋友都是透過社群媒體認識的，如果沒有網際網路，我不可能有機會認識這些交心的好友。如果十年前你聽別人這麼說，一定會覺得很奇怪，但如今社群媒體持續不斷地在影響著我們與他人的互動方式，所以現在這種情況早已屢見不鮮了。與此同時，我仍然很驕傲自己還有一些往來近二十年的朋友——從學生時代就一路陪伴我走過結婚生子、失去雙親以及職涯轉換等人生各階段。確定並維繫成人間的友誼，並非易事，但在歷經不可避免的人生高峰與低谷，有些友誼能經得起時間的考驗。話雖如此，並不是所有的友情都能一直持續下去，而隨著你的成長和改變，有些人也不會永遠停留在你的生命裡；也許幾年之後，你們的生活會朝著不同的方向前進，原本習慣彼此分享的事物也逐漸消失了。

我在二十二歲時成為一名母親，雖然我的所有女性友人都給予我極大的支持，但我還是很快地與那些同樣身為母親的友人們，建立起不同的關係，因為我們都是在同一時間點，分享生活改變的經歷（WhatsApp上的媽媽群組真的可以算是第四項緊急服務：從斷奶食譜，一直到產後性生活等議題，幾乎不怕找不到人回答你，可說無所不包！）。與她們聊天很有趣，能得到滿滿的支持，有時更是直言不諱。你永遠不會忘記某些友誼，儘管他們可能只在你生命中出現過短短一段時光。

我想，友誼跟所有人際關係一樣，有些很單純，有些比較複雜，還有一些是應該早早就斷絕掉的。有些朋友之所以還留在我們的生活中，是因為有相同的記憶，有過相同的遭遇，也可能只是覺得是一種責任；而當這樣的情況發生時，你也許會發現自己開始有點嫌惡這樣的關係。你也開始覺得彼此的互動是件苦差事。這些朋友開始找你麻煩，總是想方設法批評你，或質疑你的決定，好像你欠他們一個解釋似的（請大聲說：你不欠他們！）。要這麼做真的很難，但有時你得認清一件事，是時候繼續往前走了，與該斷的朋友分道揚鑣吧。

能量是會感染的。我們都有過這樣的經驗，當聚在那些充滿活力又很風趣的人周圍，他們能夠提升整體的能量。這就像是走入一間鋼琴店裡，坐在平臺鋼琴前，然後按下中鍵，這時店裡所有鋼琴的同一鍵琴弦也會隨之振動起來，這種現象就稱為「共振」（sympathetic resonance）或「共鳴」（應該不會真的有讀者跑到鋼琴店裡做實驗來驗證吧？請相信我，這是真的）。不過，我相信你也曾經遇過，有人就是會立刻把同伴們的能量消耗掉：有如情緒吸塵器一樣，吸光所有的好氣氛。與他人相遇時，你的能量會發生以下三種狀況中的一種：吸引、排斥、彼此共鳴。

請不要誤會我的意思，這並不是要你在遇到不被別人認同，或遭遇挑戰的時候，就把那些人列為拒絕往來戶。畢竟我也不想要住在同溫層裡。但是，我相信還是有些友情的基本價值是不可妥協的：例如我認為朋友應該在你追求目標時，關懷並支持你；無論你可能遇到的問題大小，都能夠對你抱有惻隱之心。他們會為你的成功而感到高興，分享你的快樂，更重要的是，他們應該要鼓勵你去做你自己！當然了，我也很重視誠實，但我們知道有些人認為誠實就是，以破壞性不具建設性的方式，主動提供你建議。注意注意：這可不是徹底坦率，更不是「真誠」，只不過就是單純的魯莽行徑。當你發現一段友情開始不斷損耗你，甚至讓你覺得對自己感覺很糟時，那一定有地方要做出改變。很少人喜歡衝突，但是如果你真的需要和壞朋友斷絕往來，記住：**即使很難，你可以做到**。如果你置之不理，那麼你就容許事情持續下去。

關係是雙向的。如同你社交圈內的人會影響你，你也同樣能影響社交圈內的其他人。以身作則，是影響他人最有力也最有效的方法。坐而言不如起而行：也難怪人們總是說：「別光說不練。」假如想要讓你的另一半、你的孩子或父母開始多運動，飲食上更健康，你會發現親身示範，會比口頭上嚴格命令，更容易讓他們接受。倘若你能讓他們見識到走路、騎車和跑步其實是很享受的過程，而不是自己該忍受的懲罰，他們還比較樂意加入你的行列。這對於孩子來說，更是如此。你可以準備健康的餐點，然後陪他們一起享用，此時你可以為你的家人好好上一課，帶他們吃以前沒吃過的食物；也就是說，如果你自己從來不吃綠色蔬菜，也叫不動你的孩子吃。我個人的看法是，如果我想要向他人學習的話，我會先**觀其行**，**再聽其言**；他們是否很有紀律？他們勤奮工作嗎？他們為人是否和善？有人指引當然很好，但有個榜樣就更棒了。

當你努力朝著自己目標前進，想要創造出自己喜愛的生活時，很重要的一點是，你必須考慮自己所身處的社交圈，對你有多大的影響力。生活中，其他人的一言一行是如何影響你？你週遭的人是否都很鼓勵你去追尋你所設下的目標呢？他們與你是否都擁有類似的心態、價值觀和職業道德觀呢？他們展現的習慣與行為，是你也想體現的特質嗎？最後，你也願意以同樣的方式對待他們嗎？

雖然我有些朋友的生活風格及興趣，其實非常不同，但通常，我們會分享許多相同的核心價值觀。舉例來說，我很多朋友能理解何謂個人的抱負，也都擁有堅定的目標驅策自己前進：他們都學習或開創屬於自己的事業，或是投身於鐵人三項比賽的訓練等等。在過去半年裡，我一直忙著寫這本書，有一段時間我必須完全埋頭寫作，把自己全部的精力和專注力，全都投注在這項寫作計畫裡。也因此，我在那段日子和朋友以及家人相處的時間，比起以往減少許多。但是，因為他們和我一樣，抱持著相同的敬業態度以及熱情，因此他們相當能理解我的處境，所以並不會試著邀約我暫時放下工作，外出和他們一起聚會。他們不會對我說：「少來了！不過就一個晚上而已，你可以下星期再繼續寫那本書啊！」他們完全了解我，清楚知道我當下的首要任務；他們知道那些日子是我的社交冬眠期，而唯有如此，我才能完成這本書。他們不會讓我覺得因為無法出席聚會而內咎，而是從旁鼓勵我，因為他們知道這件事對我有多重要。

假如你正努力朝著目標邁進時，或許會需要暫時調整自己的生活以及行程。你也要記得把這樣的訊息，傳達給你身邊的人，讓他們了解這件事對你的重要性。無論你設定的目標大小，如果能獲得擁有共同理念的人從旁給予你支持，無疑是一種助力，因為他們能夠理解這樣的過程。這也就是說，如果你不能把你的目標放在生活的優先順位，並且專心一致的話，你就無法怪罪別人拖累你。你得要清楚規畫出明確的目標，管理他人對你的期望，然後，好好努力工作。

建立支持你的團隊

我的許多專案當中，都需要我採取實際的行動，才能夠讓專案中的概念轉變為堅實的內容；不過一旦開始啟動任何專案，要完成它並加以擴展的唯一方法，就是找一組團隊合作。我知道自己有時候得跳出來，成為專案大方向的領導者，但我也經常需要其他人的指導與幫助，來協助我更接近目標。也許你做得到許多事，但你不可能把所有事都攬到自己身上來做；關鍵就在合作。

不過，一開始就得先認清一件重要的事：不同個性的人，工作方式也不一樣。你要特別留意這一點，才能讓每個人完全發揮他們獨特的能力，並發揮自己的所長。心理學家、作家亞當・葛蘭特（Adam Grant）在他二〇一八年的TED演說上，談到了合作和成功團隊的動力，他說：「你需要謙遜，而所謂的謙遜，是要能夠有自覺，知道自己的擅長之處，和自己不拿手之處。」他同時也透露：「研究顯示，當你在團體中表現謙遜，其他人更可能去發揮他們的長才。他們沒有追求站在鎂光燈下，而是選擇扮演好能夠幫助團隊贏得比賽的角色；你也不見得要是最傑出的選手，才能發揮出你的價值。」

要我說的話，我絕對是團隊合作型的選手。如果我加入你的隊伍，我就會全力跟隨你；既然作為一名團隊選手，不會只是固定扮演隊長或隊員的角色，而會視當下情況，無論擔任哪一方都能勝任。思考到這一點後，我了解到在團體中的**適應力**有多重要。葛蘭特解釋，團隊中不是每一個隊員都能成為A級的選手，你還得有B級和C級的選手，才能讓團隊發揮最好的表現。而如果你是B級或C級選手，並不代表你就不重要，或者只能夠做支援「明星選手」的角色；團體中每個成員都是這個團隊能正常運作，並且走向成功的關鍵，通常一支最棒的團隊，都是由擁有不同技巧、擔任不同角色的成員混搭而成。你在團體中通常會扮演什麼樣的角色？你是否發現自己比較傾向當領導者？又或者你大多是從旁支援的人呢？你是好的中間人與協調人嗎？

我的經驗是，帶著朋友一起參與，讓他們來幫助你，會是聰明的做法。所有的人際關係都需要信任，而能夠與你可以信任的人一起工作，絕對是重要的關鍵；你會需要在做重要決策時，能夠依賴他們，同時也確定他們是可以依靠的。過去幾年來，我和許多業界相關領域的人成為朋友：我的很多朋友都跑過馬拉松、寫過書或主持自己的播客。我們總是能利用彼此的見解、支持及建言。如果有朋友想嘗試去打破自己十公里路跑的個人最佳成績，而詢問我訓練上的建議時，我會很樂意幫忙（而且通常也會出現在終點線為他加油）。同樣地，我在寫這本書的過程裡，曾經多次與兩位作家朋友聯絡，請他們給我實用的建議。而他們給予我的建議都非常寶貴，因為他們有過類似的經驗，並完成了目標。假使你覺得開口尋求幫助有困難，請記住大多數人都很樂意幫你一把，因為實際上別人的成功，並不會有損於你自己的成功。事實上，聰明人很清楚，當一名老師的收穫，和學生是一樣多的，沒錯吧，宮城師父[1]？

我很清楚要不斷地與你的同行競爭是什麼感覺。二〇一〇年時，我正忙著參加音樂劇裡的舞蹈演出試鏡——任何待過表演藝術圈的人，都知道那是競爭異常激烈的環境，並充斥著「別人最好都失敗，這樣我中選的機會就更高」的氛圍。當你來到試鏡地點，與幾百位滿懷希望的試鏡者一起排隊等候，只拿到一張號碼牌，因為這樣就不用特別記住名字了。然後，你進入房間，那些有希望的候選求職者就站在你的旁邊，每面試過一輪，面試官就會叫一些人直接回家。到了當天快結束時，你已經疲累不堪，望著四周瞧瞧還有誰被留下來；雖然這不

1 好萊塢電影《小子難纏》中，男主角的功夫師父。

是電影《飢餓遊戲》（*The Hunger Games*），但其實也差不多一樣了。如果你想要以舞蹈演員為業，適應力要很強，坦然接受競爭只不過是工作的一部分。如果你在任何一個極度競爭的行業中工作，那麼無可避免一定會經歷高低潮，因此，能夠在自己身旁建立可以支持你的團隊，是非常重要的事。有時候，你需要能夠讓你倚肩大哭的人，有時你需要別人在你背後大力推一把，最理想的情況是，有個人能同時身兼這兩種需求。

《舒適圈外的夢想更閃亮：從砌磚工變圓夢大亨的街頭智慧》（*Bluefishing: The Art of Making Things Happen*）一書作者史提夫·辛姆斯（Steve Sims），他就深知這一切的重點，在於能否體認到網路和社會影響力有多強大。史提夫曾經接受《富比士》雜誌和《星期日泰晤士報》專訪，也曾受邀到美國五角大廈及哈佛大學演講（對於一名十五歲就輟學到東倫敦當砌磚工的人來說，還算是不錯的成就）；他是專為超級富豪提供奢華私人服務公司藍魚（Bluefish）的創辦人兼執行長，而他就是靠著能夠建立人際關係網絡的能力，來打造出他整套的商業服務。「如果你把朋友全找來，告訴他們**你要做某件大事——無論是要做播客，或是開一家T恤公司**——那麼你會得到一大堆不同的回應，」他這麼說，「你可能會聽到有人這麼說：『就這麼幹吧！』但也有一些人的反應會是：『哦，那你打算怎麼做呢？』」

先弄清楚，這些人可不是在打擊你，他們是想知道你對這件事有多認真。他們提出的疑問之所以很重要，是因為這麼一來，你可以好好整理自己的思路，同時確認自己的決心；而那些人或許能看到身為當事者的你，可能無法注意到的細節。接著，他繼續說，並不是所有的疑問都是抱持著善意：「不過，三不五時你總會遇到有朋友對你說：『哈！你做不成的啦！』這些人通常是那些會在你努力嘗試時，冷眼在一旁嘲笑你的人；他們就是見不得你成功，因為他們會認為，如果你成功，不就正好凸顯了他們的無能嗎？」

請仔細觀察目前你團隊中的朋友：其中有多少人的反應比較接近前兩種，而有多少人比較接近最後一種？更重要的一點是，你自己會是什麼樣的朋友呢？

好好思考下述的情況：你獲得了一份工作，這份工作要求你遠赴另一個國家來就職；這份工作很棒，而且你一直都嚮往去國外生活，如今機會來了。不過缺點是，在那個國家裡，你沒有任何朋友，也沒有親人住那邊，而你另一半的工作也不可能離開現居地。喔！還有，這份新工作的合約是三年約。此時，你會向誰尋求建議？每當一家新創公司面臨重大決策時，他們會開董事會，一起討論找出方向。一般來說，董事會由投資人所組成，如果公司成功了，他們當然能從中獲利，而一旦公司失敗，他們也鐵定遭受損失。當你在人生中面臨需要做出重大決定的時刻，是不是也可以考慮組一個由你的支持者所組成的董事會，來尋求支持呢？這些人可能以不同的形式投資你，換句話說，他們是那些必須看到你成功的人。

那麼，誰會是你的董事會成員呢？

家人／伴侶：他們是最關心你的人，他們希望你能過得幸福快樂。他們也是因你的決定而受到最直接影響的人。

經理／主管／經紀人：這些是在職場上與你有關的人，他們希望你的事業能夠成功；他們或許能從你的決定中，獲取財務上的利益。

導師：這是一位（或多位）由衷希望你能成長和個人發展的人。他們了解你的價值觀，以及激勵你的動機是什麼。

比你年輕許多的人：除了前述的那些人之外，你也應該找一些明顯比你年輕許多的人。這些人很重要，因為他們對於這世界的看法跟你不同，能為你帶來不同的觀點。

比你年長許多的人：這很明顯。他們活得比你久，見過、做過的事也可能比你多。聽聽他們的經驗、智慧和建議。

財務顧問／律師：他們能夠提供你客觀而務實的建議，同時提供你一些可能不太清楚的重要訊息（例如國外的稅務規則、簽證費用，還有合約裡的小字……）。

請盡可能告訴你的董事會成員各種訊息，針對不同的看法討論，無論好壞。你或許會得到互相衝突的建議，而且有些回饋或許並不是你愛聽的，重點在於從你尊敬且信任的人身上，獲得深刻的看法與見解。不過說到底，你還是得要信任你自己，因為最終做出決定的永遠是自己，畢竟這是你的人生。

那麼，你該怎麼建立你的董事會，找到對的人圍繞在你身邊呢？我在訪問成功女企業家艾夏．麥肯錫（Aicha McKenzie）時，問她對於建立強大網絡的建議。艾夏擁有經紀管理的天分，她同時也是一名模特兒和舞蹈家，與Burberry和Dior等時尚品牌合作；除此之外，她還為MTV音樂獎、葛萊美獎、奧運開幕式等編舞及表演。她曾和肯伊．威斯特（Kanye West）到維多莉亞．貝克漢（Victoria Beckham）等世界級巨星合作過。時尚圈和音樂產業裡的殘酷競爭是出了名的，所以我很想聽聽看她關於如何尋找專業連結的看法。

「我們不喜歡「人脈網絡」（networking）這種說法，因為它聽起來好像你只想得某些東西。我認為重點應該在於建立可靠的人際關係與友誼；畢竟如果你只想著自己能得到什麼，就無法真正成功建立「網絡」；這就跟任何關係一樣，都需要有來有往。你在人生旅程中，所遇見的每一個人，都很重要。而你可以對每個人都很友善，並讓它成為你的特質——不只是對那些你覺得能幫助你的人，或是可能拉拔你登上高峰的人友善。」

我們都看過一種人，他一走進來，就開始用目光搜尋人群中最重要的人是哪一位。他們可能會上前與你攀談，當一發現你對他們的價值不如預期時，馬上就找藉口溜走了。千萬別當這種人！

艾夏同時也建議，在工作中建立有意義的人際關係時，眼光要放遠，不要低估了那些原本就已在你生活中的人們。

要記住，你的同輩或同儕也是你的人際網絡，你們是一起成長的。或許你現在還只是菜鳥，或實習員工，而也許你的朋友在不同的行業工作，還有朋友則屬於具有創業精神的，更有可能是某個從小一起上學的人，現在已經是在你的業界中工作了；這全都是你的社交圈，而且這圈子還會不斷地一直成長下去。讓時間稍微快轉，如今你意識到你們都一起成長了：一位朋友現在是編輯，另外一位朋友則是成為他們部門的主管；然後，是的，這時候，你現在擁有了非常有影響力的社交圈，而這是連結了一群你可以社交並一起合作的人。這個圈子是以長久而真實的關係為基礎，而不只是**天外飛來的一個路人甲，只求從別人身上挖得一點好處**。

能夠知道自己**已經**擁有了人際網路，而且是個充滿潛力的交友圈，那麼就從你現有的關係和友誼來投資，是明智的建議，也是很好的起點。

不過，有時你可能會受限於現有的人際圈，原因通常來自你的生活背景、居住地點，或是社會經濟因素所使然。無論是哪一種原因，讓你想要或需要向外拓展關係，去建立更廣闊的人際網絡，有幾種方式可以達成；最顯而易見的做法就是在網路上認識別人——這也許是最容易（也可能是最懶惰）的方法了，但也可能最有效率。我就是靠著在網路上與作者、運動員和商業教練線上互動，就學了不少東西。

現在，網際網路讓我們能夠向全世界幾乎是任何人傳送訊息，不過，網路也同時是個擁擠的場域，如果你沒有獲得對方的回應，千萬不要認為對方是有意針對你，也別因此停止去接觸其他人的嘗試。如果想知道該如何透過數位的方式與人接觸的話，以下是這幾年來我所學到的一些技巧：

你可以這麼做：

▼ 選擇正確的通訊形式，如果是尋求商業領域的機會，可以使用LinkedIn、電子郵件和推特；在臉書上，只使用臉書的粉絲專頁或社團，避免透過個人檔案頁面

私訊。除此之外，還有Instagram。

- ▼可以請和你們都有交集的朋友，用數位方式引介你，可能的話盡量用電子郵件。
- ▼確保你的訊息簡潔且直接切入重點，沒有人有時間去了解你的人生故事，然後再等你開口請求協助。
- ▼要做功課。這樣可以展現你是認真的，而且你已經做了基本的工作。
- ▼要誠實謙遜。人們很重視誠實，而且能輕易地看穿某人是否心口不一。

最好別這麼做：

- ▼千萬不要對從來沒見過的人，發送訊息內容的開頭寫著「嗨！寶貝！」真的別這麼做！
- ▼同時透過不同的管道對同一個人發送訊息。我曾收過一個記者的推文，要求我回覆她之前發給我的電子郵件。別幹這種事！

▼在訊息最後寫上「期待能收到你的回覆」或是「先感謝你了」這類的話收尾。我真的很受不了這種訊息，這不僅讓人感到冒昧，而且只顯得你急著想得到一個回覆。

▼寫一個公版的電子郵件，複製貼上寄給許多不同的人，完全沒有一丁點的個人風格；這麼做不但懶惰，而且很惹人嫌。

▼如果沒有收到任何回覆時，先避免沒多久就寫第二封電子郵件持續跟催。我大概會等一個星期，確定沒有回音時才會這麼做。

不用我多說，大家也知道，如果你一直認識新朋友，你就極可能擴大你的人際網絡；所以，如果你比較喜歡面對面地認識人，參加與你的行業相關的研討會和活動，是另一個簡單的選項。以下是這幾年來，我發現的有用建議：

▼避免強邀你的朋友與你同行。我知道有熟人陪伴，會讓你感覺比較自在，但是跟朋友在一起的話，會讓你不是那麼容易親近，這樣你就會花整晚的時間和朋友聊天，而不是去和任何新朋友結識、交談。可以等結束後再邀你的朋友喝杯酒！

▼當你來到活動現場時，千萬別試著想「全部掃過一輪」，沒有必要認識現場的所有人，或是成為注目的焦點。

▼避免閒聊、寒暄：嘗試提出有趣的問題，然後**認真的聽**對方的回應。

▼一定要用心並記牢對方的名字。這看起來只是件小事，卻可能讓結果非常不一樣，特別是如果你隔天在社群媒體或用電子郵件持續跟進的話。要記住剛見面對象的名字，最好的技巧是當對方說出他的名字時，馬上覆誦一次對方的名字。例如：

「嗨！我是艾莉。」

「哈囉，艾莉，我是艾德莉安，很高興認識妳。」這聽起來好像沒什麼大不了的，但是請相信我，人們真的很喜歡這一點。如果和他人見面，你沒能聽清楚他的名字，擔心自己之後有可能唸錯他的名字時，其實只要請對方再說一次就好，這總比你日後一再唸錯別人的名字要好得多（我自己就遇過好幾次，這真的有點煩人）。

我天生就很外向，所以我會跟任何人聊天，但是如果你是個內向的人，也不代表你不擅長認識新朋友。如果你覺得，要在熱鬧的業界活動上把自己介紹給陌生人，讓你非常緊張的話，我建議你閱讀蘇珊．坎恩（Susan Cain）的書《安靜，就是力量：內向者如何發揮積極的力量》（*Quiet: The Power of Introverts in a World That Can't Stop Talking*）；坎恩在書中描述內向者與外向者在大腦化學反應上的差異，她也建議內向者可以運用一些工具更了解自己，以及自己的長處。你不必非得要天生大嗓門或很健談，才能建立起有影響力的人際關係網絡，你只需要清楚知道，自己最適合的狀態是什麼。

一個很棒的技巧是，請你的每一個朋友，把你介紹給他們認為你能相處得來的新朋友；同樣地，如果你正在開創新的事業，或者建立新的播客、活動，可以請你的朋友把它分享給那些他們認為對這些領域會有興趣的朋友。接著再問問，你能否回報他們些什麼：與人們建立聯繫永遠都很有趣，而你永遠不知道一個簡單的介紹，將帶來什麼樣的結果。

如果你身處在具有影響力的地位，那就問問自己如何成為一個聯繫者；你可以把團體中的誰，介紹給另一個團體來認識？你有沒有認識誰也是剛起步新的事業，而你可以做些事來支持他呢？又或者，你有沒有朋友才剛生了小貝比，但卻沒認識幾個其他的新手父母呢？只要開始分享你自己的熟人，讓人們開始聯繫串在一起，你不只能夠幫助他們擴展人際網路，你也能變成是社交關聯之中的關鍵人物。

播客節目主持人喬登．哈賓格（Jordan Harbinger）在線上開設了一個六分鐘人際網絡的課程，教你如何聯繫不在你原來社交圈的人以及如何維繫人際網絡的連結。他說，把興趣相投的人聚在一起，創造具有影響力的人際網絡，是任何一種行業得以成功的關鍵因素；他同時也告誡我們，「別快渴死了才挖水井」，也就是別等到你需要動用人脈時，才想到要開始建立。

那些你人生路上的導師

沒有人的成功路徑是直線的，無論你努力想達成什麼目標，前行的道路上總會出現障礙，以及難以預期的挑戰。因此，不妨多從別人身上獲得一些寶貴的建議，他們可以指引你，並在你往前邁進時給予支持。我曾在播客節目中，訪問我的職場導師班・瓦佛（Ben Wharfe），我請他解釋到底什麼是導師制，以及如何選擇適合自己的職場導師。

「先想像一下，如果你可以跟比較年長的自己對話，問他對於自己未來有何建議——例如未來的我會遇到最大的挑戰是什麼、自己會如何克服那樣的難關等等。接著你再想想看，如果你能夠與較年長的自己一直保持這樣的關係，是不是會對於你每一次做決定，以及你的發展有著很棒的影響呢？實際上，這就是所謂的導師制了。身為一名導師，你擁有這些年一路走來學到的技巧與知識——如同你過往曾經歷過、曾經失敗過的戰鬥傷痕——然後你了解到這些經歷，可以用來幫助你要指導的人，如何達成他們的目標。他說，導師制的目的，是為了協助受指導的學員發現更多他們已具有的能力，而不是讓他們變得更像你自己。重點是要知道何謂導師制，並且用正確的方式來建立這樣的關係，不光只是愉快的交談，或只是讓人一股腦將他們所有的抱怨丟給你而已。

如果想尋找或是成為引領別人的導師，班提供了幾個實際的建議，讓你能夠把這樣的關係的成效發揮到最大。

其中一個關鍵是，你需要在每一次談話之後，展開明確的行動。導師會向徒弟提出一兩個能馬上付諸實行的建議：或許是推薦他們讀一本書，也可能引薦一些人給他們嘗試接觸，當然，也可能只是要他們自己完成一些特定練習。隨後徒弟向導師報告自己的行動之後，他們就獲得了進展。相對地，導師能藉此和徒弟建立起信任關係，並表現**自己在他們身上所花費的時間和精力**；而徒弟也要向導師表達自己願意去做這些事，不僅重視導師給予的建言，也很珍惜導師為了自己所花的時間。

我發現最後這一點，特別需要強調。我曾經指導別人，而那大多是很棒的經驗；我指導過不同年齡的女性，她們身處不同產業，也正面臨職涯中的不同階段。我盡可能給予她們最誠懇的建議，並試著挑戰她們的想法，同時鼓勵她們盡可能深入了解現況，以便做出更好的決策。我通常一個月只會與她們見一次面，而我從她們身上得到的回饋是，她們很願意採取實際行動，而且全是因為她們覺得有責任這麼做。只有一次這個模式不太奏效，我指導的一位女性一直試圖模仿我：我的所做所為、說話方式，甚至是我的飲食與穿著。我當下很快就知道，她並沒有嘗試開創屬於**她自己**的思考，進而成為更棒的自己；相反地，她認為只要模仿我，就能讓她走上和我相同的道路，獲得相同的回報。當然，一開始我還覺得飄飄然的，但我對隨之而來的責任重擔感到不安。她會諮詢我的意見，但我認為她其實是**希望**我幫她做決定。這是很容易掉入的陷阱，如果你打算找尋導師指導（或是你要去指導別人），一開始就要釐清你的期望是什麼，同時確認雙方都能夠劃清這段關係的界線在哪裡。

那麼，那些自稱全靠自己獨立完成的人，又是怎麼回事？這些人從無到有打造出自己的事業，所謂「白手起家」真正的意義是什麼？這個名詞用來形容那些成功人士，他們在過程中獨自打拚，沒有受到他人的協助。雖然我理解這個概念，但我不認為有人真的能夠只靠自己而成功。不是每個人都有導師，但沒有人能夠獨活於世：人不可能完全不受他人影響而度過一生（除非你是從石頭裡蹦出來，一直活在洞穴中完全不與外界接觸——那麼，在這種情況下，你手中應該也沒有這本書可看）。他人的影響，或許有好有壞，無論你承認與否，影響就是**存在**。你會受到電視上的人物，雜誌封面上看過的臉孔、家人、你班上的小孩、老師、上司、朋友、粉絲，以及批評者等影響；甚至那個叫我「別抱太大的希望」的老師，他也在不知不覺中成為我邁向成功的間接因素。所以，真的有人是完全白手起家的嗎？

像比爾．蓋茲（Bill Gates）這樣的人，被形容為「白手起家的億萬富豪」，等於將所有的功勞與榮耀全歸為一個人所有。以比爾．蓋茲的情況為例，忽略了他曾經受過菁英教育（他上過哈佛，但中途輟學了），或者是他其實成長在全美百分之一最富有的家庭裡。我才不相信在他在攀上成功的過程中，身邊這些事業有成、交友廣闊的人士沒有影響過他，或這些人士對於他的決策判斷，以及願意承擔風險上，沒有產生絲毫影響。當然，值得推崇的還是要推崇——比爾．蓋茲的確成就非凡，完成許多卓越的事——但我們也不能忽視那些在「白手起家的億萬富豪」成功道路上，那些遇到過的人們。

每個人都是獨一無二的，而且每個人都有特別之處，但我更感興趣的是，我們的共同點。我們都有愛、都會哭泣、我們都能感到憤怒、羨慕、喜悅與希望。無論你是誰，你從哪裡來，或是你擁有多少財產，每個人都會生病，而總有一天，我們都會死亡。

我喜歡把所有人想像成一體的——不是嬉皮那種歡聚和諧式的，而是一段真正堅實的關係。我們因為共同擁有的特質而相聚。本書要討論的是如何創造你喜愛的生活，但如果你想獨自一人創造，那麼追尋的過程就少了樂趣，也缺少了意義。誰會想幫助你去創造你的生活？你的成就又想和誰分享？而誰能夠從你創造的成果中獲益？

我們無法孤獨地活著；但好消息是，你可以選擇想和誰一起共度。

Your actions
have to
match
your ambition.

你的行動
要跟得上你的雄心壯志

第6章

目標的力量

The Power of Purpose

該從哪裡開始說起呢？關於目標，我有太多想說的，不過光是這個詞，就背負了太多的期待與壓力。我們會覺得有必要去認清自己的「人生目標」，因為我們相信這是驗證我們身分的一種方式；然而我們又太過重視自己的**所做所爲**，並將這些作為與我們對自身的**認同**混淆。通常，我們相信自己應該體現出外界對職業角色的刻板印象，例如你是醫生，那麼眾人就期望你應該要知識淵博、值得信任，而且富同情心；如果你是律師，那你看起來應該充滿自信、野心勃勃且勤奮工作；藝術家就應該是有創造力以及敏感的。最大的問題是，如果我們沒有一個很明確定義的角色，或不歸屬到任何「類別」的話，我們很可能會感到迷惘。而且，就算你覺得自己屬於哪一種類型的人，但你在人生當中，可能多次改變不同的方向，那麼，你又如何能夠一直緊抱著單一而不變的「人生目標」的想法呢？

許多的自我成長大師，都會告訴你要去「找到你的目標」或「跟隨你的熱情」，目的是激發你追尋意義或人生價值的動機。但如果你此時備感困頓無力，這些源於好意的鼓舞，反而會讓你不知所措且充滿困惑。而對一些人來說，當發現自己的人生似乎沒有目標，也會使他們陷入自我否定、絕望和沮喪的情緒中。一方面，提出「找到你的目標」這種再簡單不過的建議，實在很老套——說得好像你只要坐下來，一張紙、一枝筆，再腦力激盪幾小時之後，

瞧！我想通啦！可是換個角度來看，所謂目標，又是你不能完全忽視的東西。我相信如果你已經想得很清楚，知道自己真正的目標，以及自己所熱衷的事物，這將幫助你讓所有一切慢慢步上軌道。

如果我熱衷在某件事上，就表示那件事會喚醒我強烈的情緒及反應，這也許有好有壞；愛恨交織。當人們談起那些他們熱衷的議題時，你一定馬上就會發現，因為他們表現出來的活力會呈現很明顯的變化：說話的方式顯得興奮而熱情，又或是一臉憤怒甚至情緒暴走。也許你熱衷於更廣泛的議題，例如社會正義或性別平權，又或者你是環保人士，關注生態永續、氣候變遷；但與此同時，你也能熱衷於其他事物上，例如音樂、旅行和藝術。而談到你的工作與職業，我相信你必須從個人感興趣的領域開始——你真正投入熱情的領域——原因很簡單，因為我們大多數人會把入社會後大部分的生活，都投入在工作上。如果你對於工作充滿熱情，就應該能樂在工作，而且表現得很棒；假使並非如此，那麼你也很快會埋怨起眼前這份工作。實際上，有些工作只是為達目標的短期跳板，這也沒關係，一旦涉及創造自己的**職涯時**，那麼你能否樂在工作，就變得很重要。相信你一定聽過「星期日收假症候群」（Sunday blues），你感傷即將結束的週末時光，同時害怕即將到來的一週；每當我對別人說我熱愛星期一時，人們總是一臉嫌惡（很多人甚至會直接在我面前翻白眼）。但請先冷靜聽我解釋。我的理由很簡單：在我們一生中，會遇到一大堆的星期一，所以，如果你厭惡星期一，等於你厭惡生命中的一大段日子。人生苦短，不能期待跳過週間工作日，只活在週末。

但這並不表示，你要去做別人會羨慕或看起來「很酷」的工作；但必須要能激發**你的熱情**。千萬別落入「一比較就受傷害」的陷阱裡：瀏覽社群媒體，很快地讓你覺得其他人的職業看起來似乎都比你的有趣，更光鮮亮麗，忽然間，你開始自我懷疑是否曾在工作中獲得滿足感。要記住一點，你看到的一切內容，很可能都只是精心安排後的畫面，事實上，這些動態僅僅呈現出一小部分的真實罷了。此外，就算別人的工作**看起來**很刺激，並不表示情況總是如此，當然更不代表如果是**你**去做那些工作的話，也能夠樂在其中。我認識不少人痛恨公開演講，如果要他們在滿屋子的人前表達，對他們來說是最糟糕的惡夢；所以這些人不可能享受我過的生活，但**我**卻沒問題——這才是關鍵。避免總是窺探別人的工作，專注在你感興趣的事物上就好。

與熱情相比，目標較不帶著情緒和偏好，而更接近與生俱來的責任感——對於你愛的人、你住的星球，甚至對你自己。我常發現，「目標」和「熱情」常被視為可相互替代的名詞，但其實，兩者截然不同。你可能會對許多不同事物滿懷熱情，而且毫無疑問地，在你的一生當中，熱衷的事物通常會不停改變。另一方面，你的目標就是你的**理由**，也就是你「為什麼」選擇做這件事的原因。要認清楚你的目標，我認為最好的起步方式，是先建立起屬於你自己獨一無二的價值觀。對你而言什麼是最重要的？你認為真正有價值的是什麼？在回答這些問題時，要盡可能明確而且誠實，同時，答案也無所謂對錯。也許對某個人來說，**真正**有價值的是平等和公正；對另一個人而言，答案可能是他的家庭，其他的事物在他眼中都排在後頭；或許有人覺得最有價值的是自己的時間，以及能自由安排自己的行程。這裡我要先說清楚，這些並不是互相排斥，只能擇一的選項——你可以同時重視上面提到的這些，果真如此的話，你就要在這些重視的事物當中，找出現階段對你來說**最重要的那一個**。

對我們大部分的人來說，早在很年輕時就已經建立了自己的價值觀。也許你成長時能拿的零用錢不多，也看到你的父母為了帳單以及家庭基本開銷，過得很艱辛。大概你注意到了這一點，結果是你無法像同儕一樣獲得合宜機遇的機會，這也形成你對金錢的看法。以我自己來說，也差不多是這樣的情況，我們並不難理解，為什麼有些人會把賺大錢視為人生的任務。我聽過不少富有的創業家這麼說：「我出身貧窮，因此我很早就決定，我絕不再當窮人。」人們常把「致富」這類想法妖魔化，認為這很膚淺且粗俗；但是，假使賺大錢是你設下的目標，也是驅使你熱情的動力，千萬不要覺得羞愧，也不要懼怕別人的眼光，而是理直氣壯地承認它！請實際一點，我們生活在資本主義的世界，我們習慣要的更多。我們都告訴大眾錢要賺多一點、花錢不要手軟，然後不斷賺更多。我敢保證，如果要求多數人誠實回答要什麼，答案會是賺很多錢。你呢？我想問的是，金錢真的是你**最重要的價值**嗎？也許確實如此，這樣子也沒什麼不對。不過很多時候，人們並不是為了金錢本身而想變得更有錢，而是為了想要他們認為金錢可以帶給他們的事物——像是安全、保障、資源，以及自由。

一旦你大致了解自己的熱情和目標（記住這兩者的差異），接下來就要搞清楚**如何**、以及**何時**該去追尋它們。很遺憾地，這通常沒有捷徑，而且過程異常複雜，並需要花上不少時間。身為一個喜歡統計數據以及實際解決方案的人，我總希望透過歸納出一個公式或一套標準流程，來計算任何問題的解答。想像一下，如果可以把問題簡化為：**X＋Y＝你人生的終極目標**，有多棒！（嗯，我會想像，或許直接在拉斯維加斯看到三個7出現在吃角子機螢幕上。）可惜的是，這問題可沒這麼簡單。最大的挑戰是——而且還有些互相矛盾——我覺得，儘管你的熱情和目標不必然一致，但假使你有足夠的技巧或天分結合兩者，你就是**真的**中了大獎。

你每天做什麼，決定你會成爲什麼樣的人

回想我還在學校的那段日子，我發現一件有趣的事，那就是我時常被叱責太愛講話了；每一年學校發給我的操行表，多半會寫上一行類似下面這句話：「艾德莉安是個熱心的學生，她非常享受與同學之間的交誼活動；不過她缺乏專注力，話講得太多，因此常常會干擾他人學習，破壞別人的注意力。」身為一個非常愛講話的人（而且似乎還講得太多了），我日後會利用自己的聲音，作為開創事業的基礎，聽起來似乎再合理不過。我待人一向熱心，有時還把自己視為專職的啦啦隊，就算我所做的、我的**模式**上有所轉變，但我的熱忱卻從未改變。

幾年前，我還是一名私人健身教練，也在健身課上帶領學員，我很快了解到，這份工作可以區分成兩部分：設計一個為期十二週的課程，為來上課的學員示範如何進行課程裡的練習，這只算完成了五〇％；接下來的五〇％，則是要給予我的客戶所需要的動機和鼓勵，讓他們能堅持做下去。有時在一月的一大清早六點鐘，外頭還霧氣濃厚，非常寒冷，但我就要出現在課堂上，而我的工作就是要讓任何站在我眼前的人，能發揮他的所有能力；我要鼓勵他們，證明無論在生理上或心理上，他們都能夠**克服困難**。即使到現在，無論我在錄製播

客，或是發表演講，我的目標都沒有改變，那就是：去鼓勵別人。我想帶著活力出現，傳遞一種感覺；我想讓自己的話語有影響力。我想要能夠啟發別人實際行動、做出改變，並勇敢開始他們從未想過去做的事。我常常覺得，自己好像在別人真的行動起來之前，就已經看見了他真正的潛能。每個人都擁有不同的技巧、天賦和超能力，而我的超能力大概就是鼓舞人心的力量。當你年紀還小的時候，有人批評、責備過你嗎？或許你的父母或老師會批評你花太多時間望著窗外發呆，總是沉浸於自己的想像世界裡，但是，說不定創造性的想像力，正是你的超能力。

當我的私人教練教學經驗愈來愈豐富之後，我發現有個相同的問題，一再重覆發生在我每一位客戶身上：為什麼他們很難養成新習慣？為什麼他們總在星期五放棄堅持下去，到了星期一又重頭來過？他們需要做什麼根本上的改變，才能夠達成他們設定的目標？我深知，如果想成為一名更好的教練，更了解我的客戶，我就要將客戶在身體及心理上所面臨的挑戰，視為能拼湊出答案的一道道線索。我開始閱讀心理學、心態和人類績效等類型書籍；研究並比較不同的飲食，查閱關於睡眠的文章，也聽提姆．費里斯與喬登．哈賓格這些被公認為領導地位角色的播客訪談節目，主題從生物駭客（Biohacking）到習慣養成以及自我成長等，無所不包。當我發現到，自己熱衷於協助他人去達成目標，正是我深感興趣的領域之後，我忽然間就變成了求知若渴的學生。發現自己熱衷的事，是最關鍵的第一步，但我也需要為自己找到適合的工具追尋它。過去數十年來，這世界有了很大的變化，也要感謝科技創新，如今我們可以輕易在網上取得大量的知識——在 YouTube 上沒有什麼教學影片是找不到的！只要願意提出問題，同時盡可能地投入足夠的時間，來增進你的知識和提高你的技能，能學到的東西比你認為的還要多。擔心自己條件、能力不夠？相信我，許多資格遠不如你的人，正做著你想做的事。他們不比你我更有能力；他們只不過是有信心的去做，或是至少他們願意去嘗試。

我必須老實說，每當你要開始做全新的事，可能會因為自己了解的不多，而覺得不知所措。不過，如果你曾經花上五分鐘，在語言學習軟體多鄰國（Duolingo）上，一直重覆「這女孩吃了蘋果」這句話的義大利版本八次（如果你很好奇怎麼唸的話，義大利語的發音是：la bambina mangia la mela）才終於唸對的話，那你大概能體會初學者會有的痛苦沮喪感。但是，只因為你對於某件事認識不足，就放棄追尋你熱衷的事物，這藉口也未免太爛了。在你人生的某個階段，你還不會騎腳踏車，但你學會了；你也不會煎蛋，直到你後來嘗試了；又或者你不會開車，但現在你已經會了；那麼，學習寫電腦程式，又有什麼不一樣呢？當然了，有些領域的工作明顯是例外（我可不希望這世界上某個地方，有個腦神經外科醫生，是只看了幾段YouTube教學影片，並決定在工作中學習），但實際上，我們大部分人只要願意花時間學習，幾乎都能在一年之後習得一項新的技能。

全身心投入是稀有的特質，而且需要無保留的付出，但是對於實現你的目標來說，我想不出還有哪一個因素，會比這一點更重要。就算你確認了自己感興趣或擁有熱情的領域，也不表示你在追求的路上會很有趣；你必須全心全力投入這個**過程**，直到收穫成果為止。每當我談到承諾時，就會立刻想起我遇過的奧運選手們。我對這些職業運動員為了成為全球最頂尖的選手，所付出的犧牲和改變生活型態，感到肅然起敬。這些改變可不是僅僅短暫維持一段時間而已，可以說，他們奉獻了整個人生去追求卓越。他們幾乎在生活的任何面向上都堅守紀律，從訓練方式到居住地，以至於可以吃的食物到如何睡覺等等。當我訪問英國田徑選手摩根．雷克（Morgan Lake）時，對於她在承諾這方面的看法印象非常深刻。摩根早在五歲時，就開始了這趟偉大的旅程，當時她的父親首先發現了她的潛能。過了七年後，英國《田徑週刊》（*Athletics Weekly*）形容她「很可能是地球上最棒的十二歲運動員」。摩根的競賽項目是女子七項全能，也就是她要精通七種不同的田徑項目。到目前為止，她保有二十三項年齡級別的冠軍頭銜，也是二〇一六年里約奧運中，英國國家代表隊中最年輕的選手。我問摩根她是如何在訓練的同時，仍然兼顧自己的學業，以及在追求這麼偉大成就的背後，她的付出與犧牲。她這麼對我說：

「一開始其實還滿容易的，但當我升上中學之後，就開始變得有點痛苦。我很想花更多時間和朋友在一起；不過，當時我所有的時間都和父親相處，因為他是我的教練。我讀的是寄宿學校，下課後，別的孩子都在交際，我卻得要外出訓練。我覺得我錯過了很多事。還記得我十三歲時，對母親說：「我再也不想做這些事了！」她的反應很冷靜，只是對我說：「好，沒問題，不過妳可能要退學，因為妳是拿運動獎學金入學的。但妳還是可以從頭來過。」接著，她開始把我所有的訓練用具，以及所有獲得的獎牌清空放到我的床上，就在那一刻我知道了，**我其實不想放棄**——在那之後，我再也不曾質疑了。我常會想起那一天發生的事，並以此提醒自己，真正偉大的夢想，需要真正巨大的犧牲，這讓我能夠不斷前行，而且內心非常清楚，我想達成的目標，遠比我為了達標所付出的犧牲大很多。」

在與摩根的一席談話之後，我對於行動必須跟得上雄心壯志這樣的想法，也變得更加篤定。你每天的所做所為，決定了你會成為什麼樣的人。所以，如果你決定你的目標是建立自己的事業，你今天的行動是否符合你的志向？如果你每天都在高級咖啡店買午餐及咖啡，但是你的目標是存錢，好來一場史詩級的冒險旅行，那麼你的舉動符合你追求的目標嗎？如果你誠實的面對自己，而且深知你的行為和你的目標不符，也許只是因為你並不是那麼想要；假如你打從骨子裡真心想要某樣事物，那你就會全力以赴，去做任何事讓它成真。不要誤會我的意思了，我不是說每個人都應該以成為奧運選手為目標，或是要環遊世界、開創自己的事業。你的志向是你自己的，也屬於你自己。這就是為什麼明確釐清**你的**目標到底是什麼、你**真正想要**的是什麼，會那麼重要；接下來還要思考：**你可以做什麼事讓這些想法成真？**如果你不想做那些需要一再重覆的事情，那麼你只剩下一條路可以選，倘若你的行動跟不上你的雄心壯志，你要麼改變行動，要麼改變你的目標。

那麼，如果你和摩根不同，並非在成長過程中就擁有特定的目標呢。也許你對於自己和你的生活，還沒有很清楚明確的願景，或是你還不知道自己的熱情在哪。或許當你讀到這裡時，心想：「**艾德莉安，這些都很好很棒，但我還是不知從何處**開始」，那麼以下這些提問，或許能夠引導出你的回應；試著盡可能誠實地回答這些問題：

▼ 如果要你寫一本書，即使你知道除了你之外沒有人會讀，你會想寫什麼內容呢？**如果除了你之外沒有人會讀這本書，你就不會只寫出流於表面的內容**。

▼ 你聽到「成功」這兩個字的時候，你會想到誰？**這意味著你如何定義自己的成功**。

▼ 從現在開始算起，十年後，你想要以什麼樣的身分為人所知？

這個問題能知道你希望別人怎麼看你。

▼ 十歲的你喜歡做什麼？

也許某部分的你仍然喜歡做這些事，但只是因爲你現在的生活太複雜也太忙碌了，而沒時間去做。

▼ 什麼事情會讓你沉迷一整天，甚至連飯都忘了吃？

對我來說，是和朋友講電話。有時候一聊就是兩小時甚至更久，而且完全沒注意到時間一下就過去了。

▼ 假使你得知這將是你生命中的最後一年，你會馬上去做什麼事？

這是非常重要的問題。人們多半不喜歡討論死亡，這讓他們感到不自在。我知道這不是讓人愉快的話題，但能讓自己去思考這件事很重要（至少就目前我們所談論的主題而言），它能夠提供你一些觀點。

這些問題並沒有特定的順序，彼此之間也沒有直接關聯，單純只是一個讓你了解自己想法的練習。透過這個練習，你也許能找到你熱衷且全新投入的事物，走上截然不同的道路。重要的是，你可以更柔軟、更富彈性，在現實生活中敞開原本的你，如此一來，你的目標和熱忱將伴隨著你一起成長。

人生夏季倒數的一百件事

幾年前，我開始研究、閱讀以植物為基礎的飲食方式，特別是應用在耐力訓練上。這項研究很快讓我更投入在探索純素主義（veganism），同時也讓我開始了解到更多動物性產品如何影響地球健康，當然也包括人類的健康。一位朋友建議我讀兩本書，可以更深入了解這方面的議題：生物化學家湯瑪斯．柯林．坎貝爾（Thomas Colin Campbell）撰寫的《救命飲食：越營養，越危險？！》（*The China Study: The Most Comprehensive Study of Nutrition Ever Conducted And the Startling Implications for Diet, Weight Loss, And Long-term Health*），以及耐力運動員布蘭登．布瑞茲（Brendan Brazier）的《騎出精采：點燃運動與人生最佳表現的純素飲食營養指南》

（*Thrive: The Vegan Nutrition Guide to Optimal Performance in Sports and Life*），讀完這兩本書後，我覺得自己被說服了，決定開始嘗試純素飲食。起初我對自己說，先試六個星期吧；也沒什麼特別的理由，只是覺得似乎已經算是夠長的時間，過程中我也可以評估這種飲食對我的訓練及整體健康的影響。

剛開始實行純素飲食時，我很低調——我並不想在自己可以公正評斷之前，就大肆宣傳我新發現的素食主義。實驗六星期後，我的感覺相當不錯。我依然訓練得很勤，我的活力一直穩定維持在很高的狀態，而且訓練後的回復及睡眠情況都很棒；而最大也最明顯的不同，是我的氣色。我的皮膚狀態從來不曾這麼好過，甚至連其他人也都注意到了，紛紛問我平時怎麼護膚的、用什麼品牌的保養品。儘管我在一開始進行時，就在和親友聚餐的場合遇上了挑戰，不過整體來說一切都算順利，而且利遠大於弊，所以我決定讓實驗繼續下去。最後我大約持續了兩年的植物性飲食，我的先生和小孩也開始改用這個飲食方式，不過我仍然沒下定決心一直做下去。我曾跟朋友開玩笑說，我是個「祕密的素食主義者」。雖然我很享受新的飲食習慣，但並不是那麼死忠；我的生活也不是以純素主義為中心，說真的，我沒有太熱衷。對我來說，這只是以我認為最理想的方式幫我的身體充電，如果它在環境意識及動物保護上也擁有相當正面的影響，而那正是雙贏的局面。

然而，在經過兩年以植物為主要來源的飲食之後，情況轉變了，我開始想再重新吃肉；基於某些理由，我覺得很難為情，甚至有點羞於承認，但我不想要擺出一副自以為是的態度，宣稱純素主義只是我的「階段性嘗試」。為何我們會對於改變自己的心態或觀點，覺得如此厭惡呢？這並不代表你古怪，或只是個容易放棄的人，更不代表你「失敗了」；改變其實是好事！在你的一生中，興趣和熱情可能會改變。我對素食主義好奇並感到有興趣已經兩年了，接著，事情有了變化，但我仍持續前行。人生就是有起有落，這很正常。我關心許多事情，但這並不表示我要把整個人生投注在每一件事情上。某些事情會讓我們重視很長一段時間——甚至可能是全部的人生——而你要確保你在追尋它時，給自己保留足夠的精力與空間；畢竟你無法參與每一場戰鬥，重點是了解到這個事實，讓自己保持平常心。

大約在一年前，我外出慢跑時，一邊聽著饒舌歌手兼企業加傑西・伊勒（Jesse Itzler）的播客訪談節目。傑西在訪談中回想他的人生，談他的人生哲學、座右銘，以及對於剛邁入五十歲大關的心情；他解釋，他在慶祝五十歲生日時，忽然對於已逝去的日子，還有不可避免的死亡倏然如此接近，有著非常強烈的感受。只要稍微簡單計算就能知道了，以目前美國男性的平均壽命為七十八歲來看，不就表示他只剩二十八個夏天了嗎？這句話完全打到了我。你是否有過同樣的經驗：一句話讓你醍醐灌頂，又彷彿臉上被重擊了一拳？直到現在，我還清楚記得他說這話時，我正跑在哪一條路上，以及那無比的震撼；我雞皮疙瘩都起來了！只剩下二十八個新年可以慶祝，只剩下二十八次挑戰的機會（傑西每年都會進行體能挑戰，例如超馬）！傑西接著談到他的父親，如果用相同的計算方式，那麼他的父親可能只剩不到十個夏天了；而傑西大概每年只會與父親碰面兩次，這也代表，他們能面對面交談的機會只剩下約二十次。聽到這些話，我也立刻開始計算，我接下來大約還能度過幾個夏天。寫本書的時候，我三十三歲，英國女性的平均壽命是八十一歲；這也就是說，從平均值來看的話，我還剩下四十八個夏天，當然，這數字並不精確，搞不好我能活得更久，或者，也可能比預期中更短。重點是，人的生命如此有限，我可不想浪費一分一秒！

我常想到我想像中人生的夏季倒數，而這真的能讓我專注在自己應該怎麼運用時間；什麼是我目前該擺在第一優先的事？如果我只剩下四十八個夏天，我該怎麼做，才能讓每一年都發揮到極致？嗯，但我知道我**不想**做什麼，也就是把時間全花在工作上，或是那些只因為出於義務而非做不可的事。有時你收到朋友的喜帖，但這位朋友在過去幾年很少碰面，而這場婚禮又辦在法國南部，需要花上至少四天旅程、幾百英磅旅費，等於又消耗了妳的旅遊費用。不幸的是，妳的小孩並沒有獲邀，因此妳要找保姆或祖父，在妳外出時來家裡幫妳帶小孩。當然，妳衷心祝福這對新人，也希望他們婚後幸福，但妳根本沒見過新郎幾次面，更別說婚禮上受邀的賓客，妳一個也不認識。記住，這個夏天只有一次，過了它就一去不復返了。這裡的教訓是：不要只為了取悅他人，隨口答應那些你根本不想去做的事（我曾經深陷於此，所幸我已經從討好別人症候群中康復了）。

反過來，你要問自己：對於度過這每一個夏天，你真正的想法是什麼？你想去哪裡？想和哪些人一起去？你能夠做什麼，讓這個夏天對你而言意義非凡？傑西，如果你能讀到這一段話，我要深深感謝你點醒我的一席話；這真的讓我開始好好思考，更重要的是，讓我開始行動。聽了那一集播客之後，我寫下了一百件待辦事項：包括我想做的事、想去的地方，以及想見的人，這些都在某些方面來說對我很有意義；這些事有大有小，但重點是我很**在意**。我不是簡單地在筆記本的某處寫下「人生目標清單」然後就忘光，而是把清單放在手機上，每個月至少查看一次，標出那個月我計畫完成的事。我甚至為其中幾項加註截止日期，因為一旦你為夢想標註期限，它就成為一項計畫。以下是我清單中的幾件事：

1. 在義大利住上一整個夏天（至少三個月）
2. ~~參加倫敦馬拉松比賽~~
3. 捐血
4. ~~寫本書~~
5. 訪問大衛・哥金斯[1]
6. 露營
7. 去加拿大溫哥華
8. 刺青
9. 去現場看奧運
10. 做慈善事業志工六個月
11. 學會玩雪板
12. 去巴西的里約熱內盧

1 David Goggins，美國退役海豹突擊隊員，超級馬拉松及鐵人三項的著名選手，也是勵志演說家與作家。

13. 嘗試跑酷運動課程
14. 在TEDx上演講
15. 參加紐約馬拉松
16. 觀賞百老匯表演
17. 養隻狗
18. 與我妹妹一起過節
19. 與我弟弟一起過節
20. 讀完聖經
21. 主持跨年晚會派對

還要記住一件事：別期待有人跟你的目標相同，甚至跟你用相同的眼光來看待這個世界。

你的目標與熱情屬於你自己，而且獨一無二的。最糟糕的，莫過於有人試著把你的想法變成跟他們一樣，而我的經驗是，要說服別人最好的方法，就是做給他們看。只要你的目標明確，努力過好自己的生活，別人一定能看見。讓他們自己選擇是否要加入你，但不要試圖強迫他們。

●讓你的行事曆留白

當然了，找到自己的目標，應該不像寫下一百件想做的事清單，然後再一一劃掉那麼簡單吧？或許沒那麼容易，不過這至少是個不錯的開始。我們常遇到的問題是，阻礙我們去過理想生活的，**正是**我們自己的生活。是什麼原因讓大多數人無法追求他們熱衷的事物，並創造他們喜愛的生活？我發表演講或主持網路研討會時，通常在最後都有一個Q&A時間，毫無意外地，同樣的三個問題會一再出現：時間、金錢和恐懼。

人們常告訴我，他們沒時間去「內省」，試圖發現自己真正的熱情，更不用說什麼目標了。他們很忙，而日子也每星期、每個月，然後一年年快速流逝，他們可沒時間耽擱在不切實際的白日夢裡。而一談到工作，他們無法請假，而他們也無法想像，怎麼可能（或是真的有辦法）從自己的熱情中賺錢。當然了，成為一名自由工作者，或是成為有創意的企業家，**聽起來**確實很酷，但是你真的有辦法靠著它賺到足夠的金錢嗎？對他們來說，追求熱情就像是負擔不起的奢侈品；至於比較誠實的人，會告訴我，他們的確很想追求自己的熱情，但就是害怕跨出那一步。他們很清楚自己「夢想的生活」應該是什麼樣子，但因為太過於害怕會失敗，因此不敢放膽去追尋。

如果你的問題是時間，而且發覺自己是一再地重覆抱怨「我沒時間，我太忙了」，你就該問問自己：你到底在忙什麼？不知從何時開始，「太忙了」竟然變成了我們生活的基本模式？忙碌成為了一種社會地位的象徵，它表示你這個人很重要，而且你的時間很寶貴，所以人們都忍不住想被貼上這樣的標籤，對吧？假使你**不忙**，那麼該怎麼形容你這個人呢？如果你很閒，可能是沒有人交付工作給你，也可能你是可以被取代的，又或者你只是個不被需要的人？如果你總是因為太忙，而無法撥空和朋友吃飯，那麼說穿了，只是因為你覺得和朋友吃飯這件事，重要性比不上你的工作。我相信時間對你來說很寶貴，也是你能夠給予他人最寶貴的東西，因此我真的認為，相同的規則也能套用各領域。如果你沒時間健身，那是因為健身**對你來說不重要**；沒時間讀書？因為對你而言，讀書不重要；沒時間看爸媽？因為對你而言，那也不重要。如果某件事或某些人對我們來說很重要，我們總是能想辦法花時間在他們身上。要承認這一點並不容易——藉口除外——那些占據我們時間的人事物，通常就是你內心最珍視的東西。

最近幾年，我花了不少時間在「忙」。請相信我，當我口中說出忙這個字的時候，背後可是要付出代價的。我最喜歡的一首詩，是由IN-Q[2]寫的〈家〉，詩裡有一句話：「為了生活，我工作，但這行不通的，因為我失去了生活。」

每當我發現自己因為「很忙」，而無法做其他事的時候，總是會想到這首詩。我得要承認，當我想在工作與生活之間找到平衡時，總是非常掙扎，也因此我很清楚想要擠出**額外的**時間，一向不容易。我目前的職業容許我模糊工作與生活之間的界線，而且我常說，由於我很熱愛目前所做的事，所以一點也沒有是在工作的感覺；但是，無論你多享受做某件事，工作還是工作。雖然我的工作與自己的目標是相符合的，但這並不表示它一直都很有趣，或是我不需要偶爾拋開工作休息一下。當工作與生活是如此緊密地結合在一起時，你整個世界就變成了你的工作；你每天醒來時，想到的是你的待辦事項，你說的話總是圍繞工作打轉，你所讀到或是看到的東西，或多或少都會與你的工作扯上邊——你這個人是**誰**，變成由你的**工作**來決定了。你的熱情很容易進一步成為你的困擾，想像一下你手上有兩球黏土，一球是紅

2 美國詞曲作家亞當・施馬霍茲（Adam Schmalholz）的筆名。

色的，另一球是藍色的，接著你將它們搓揉在一起，直到它們看起來像是一顆帶有紋路的大理石球。好，現在再想像一下，你要怎麼做才能把紅色和藍色完全分開；這就像我們要把工作完全抽離出生活一樣，幾乎是不可能的事。

假如你的行事曆上，如俄羅斯方塊般密密麻麻地寫上各種工作、待回覆郵件，還有你得進行的社交及即將到來的工作期限，全都交織在一起，僅僅偶爾能在晚上的喘口氣，你認為值得嗎？如果這只在短時間內如此，是為了讓你日後擁有更長遠的收穫，那麼我很同意，畢竟有時候就是得一頭栽進去，火力全開拚下去。但如果你感覺自己其實只是一天又一天、一星期接著一星期，不斷重複相同的「忙」，又累積成「太忙」，因此無法思考你真正的目標，或是開始行動去追尋目標，那麼你一定要盡快發覺這一點，然後踩下剎車。

反思過去，這種如馬戲團雜耍般同時做許多事的能力，是幫助我邁向成功的一部分原因。但是我也知道，過去我因為未能明確區分工作與生活，忽略了許多同樣重要的事。回頭來看，我認為自己所選擇的生活方式，傷害了不少朋友關係，有時光是要把大家的行程湊在一起，比倫敦市最熱門餐廳的座位還要難訂。我們的行程通常至少排到三個月之後，因此中間的空檔多半不會超過九十分鐘，甚至更少。而我們的對話大概會是這樣：

哈囉，你這週末有沒有空出來吃早午餐啊？

抱歉，真的沒辦法，我很想去，但是這週末事情還是很多……

唉，太可惜了，好久沒看到你說。

我知道啊，真的好久不見，我們哪時候才能再聚聚啊？

接下來幾星期的工作還是很忙，不然看看四月初如何？

嗯，可能有點困難，那時學校正好放復活節假期；不過，十號晚上六點過後我有空。

好，十號我也有空，不過我十一號要去旅行，還沒拿到班表。很可能要在早上六點趕到希斯洛機場，所以前一天晚上不能太晚，你能改吃午餐嗎？

是不是很煩？一來一往確認彼此行程，有時甚至拖上一整天或幾星期，直到剛好其中一人完全忘了回覆訊息為止——而且像這樣沒什麼建設性的對話，一個月後很可能又重新上演一次；也可能發生奇蹟，我們真的見面吃了飯，但其中一人又不可避免地匆忙離開，趕赴下一趟行程。實在太荒謬了！如果你看了這段而心有戚戚焉，那麼，這就是一種警訊。相信我，「忙」這檔事被看得太重了。而如今我承認，如果我因為自己太忙，以至於無法顧及對我來說非常重要的事，或是去見那些對我非常重要的人，這都要怪我安排了錯誤的優先順序；此時，我會花點時間，重新評估並調整行程。

這也是為什麼，我現在一定會在每星期及每年度的行事曆中，刻意讓某幾段時間「留白」：我稱之為「空餘時間」，也就是在行事曆上這一塊保持空白，完全不填入任何待辦事項；對於這一點我從未讓步，也不允許自己在上頭填入任何內容。這個留白不是用來趕著處理電子郵件的緩衝時間，也不是用來準備播客訪談或腦力激盪的空閒幾小時：就只是個留白而已，嗯，不做任何事。我每週的行事曆中，至少有三小時的留白，通常在星期四下午。或許有人覺得這很矛盾，認為我每天早上五點半就起床，卻在星期四放空三小時不做任何事；但我堅定的早起，只是為了更有生產力，做**更多**的事。不可否認的，一開始我就是這麼做，但在過去幾年之中，我發現早起，以自己的方式開始新的一天，真的讓我擁有更多的時間和精力享受所有的事，例如一天中稍晚的空餘時間。

一開始，覺得幾個小時中完全不做任何事的想法，實在很違反自己的直覺。義大利有一句俗諺：*dolce far niente*，意思大概是：「快樂的慢活」，這概念就是要我們去**享受**不做任何事的感覺。毫不意外地，英語中找不到接近這種意思的說法，因為我們會把無所事事，跟懶惰與不事生產給連結在一起；你可以選擇不做任何事，並**享受**的想法，根本就是外來的概念。日復一日，每天一直保持有事可做，還滿容易的——工作、解決問題、回覆郵件、開車、購物、閱讀、更多的電子郵件，接著吃飯、睡覺，一件事接著一件事，就這樣重覆下去。假使一天中每個小時都有事忙，我們將錯失生活中許多意外的機會；沒有娛樂休閒的時間，也無法接受臨時邀約，沒有出遊或學習的機會，也沒時間停下腳步來看看風景。此外，當我們一味從別人身上接收到資訊、想法或更多雜音，也很難有創意和具有原創性的想法。

如果你跟我一樣，天生就是「閒不下來」，你需要花點時間來適應空餘時間。

什麼事都不做，你可能會覺得渾身不自在。所以我會試著忍住想要聆聽播客的誘惑，甚至是連書都不看，而是完完全全接納那段時間的孤獨與寧靜。開始這麼做，最簡單的方法是，把你的手機留在家裡，到戶外走上很長一段路。如果你實在不喜歡靜坐冥想，那麼正念散步或許是不錯的替代方式，不過要記住，重點是什麼都不做，所以別胡思亂想，甚至是在心中盤算、定計畫。

賺錢與實現你的目標並不衝突

那麼，金錢，那個讓你哀嘆「夢想不能當飯吃」的現實殺手呢？

這很常見，也是大多數人在意的關鍵。讓我們面對現實——無論你還年輕、單身、住在倫敦這種物價高昂的大都市裡，或是為人父母、背負貸款及養小孩費用的壓力，我們全都有必須承擔的財務責任。別擔心，我不會建議你辭掉工作、賣掉所有身家，投入在你追求的夢想計畫。儘管，你可能會說這其實也算是可行的選項之一，但這大概不會是我們多數人真的會接受的一種建議吧。我比較喜歡較為務實的做法，而且如果你覺得金錢阻礙了你追求夢想，我認為你可以考慮以下三個選項：

選擇A：想辦法為你所熱衷的計畫找資金，或者更好的方法是，在正職外，讓這些計畫也一起賺錢。一旦你有信心可以從副業取得穩定的收入，那麼接下來可以開始考慮減少目前工作的上班時數，轉為兼職，甚至是成為自由工作者。我和幸福顧問薩曼莎・克拉克（Samantha Clarke）聊到打造「財務跑道」的重要性時，她說：「我從不建議人們辭職，因為只要你一煩惱**該怎麼付帳單**這件事時，最終你能做的選擇就有所限制，」她這麼建議：「相反地，你應該要打造一條跑道，如果你打算在六個月／九個月／十二個月內離職，你會需要哪一條跑道？而你又要存多少錢，才能這樣做？你最好坐下來冷靜想想，而且要非常務實；問問自己，你有多重視安全感？你克服高風險以及不確定性的能力有多強？這些都是你決定離開現職之前，應該要好好考慮的事。」

你能夠在接下來的六個月中，將每天早晨的全力一小時，投入在創造副業或是你所熱衷的計畫上嗎？每天只有一小時，但請把它想像成自己在前進的道路上每次鋪上一塊磚，讓你愈來愈接近你的目標。薩曼莎也同意全力一小時會是個不錯的起頭。「或許你得要更早一點起床，好爭取多一點的時間，去做任何你需要做的事，」她表示贊同：「就把它當成一個實驗，幾個月後再回頭檢視，評估結果如何。每個人的一天都同樣是二十四小時，至於該如何運用，決定權在我們手上。」

選擇B：創立符合自己目標的事業，讓它成為你收入的來源；我會建議從商業教練或財務顧問那兒尋求財務上的建議，他們可以給予你關於如何募資以及融資的指導與建議。過去三年，與健身科技新創公司Fiit合作之後，我親眼見睹在創業的世界中，想要開一家能永續經營的企業，需要具備哪些條件。無論是否為目標導向所成立的公司，現實的情況是，為了要經營企業並雇用團隊，你的公司必須要獲利。好消息是，你可以兩者兼顧，達成你的目標，同時又能賺錢，這並不衝突。作家兼勵志演說家賽門．西奈克（Simon Sinek）的TED演說影片《偉大的領袖如何激勵行動》（這部影片是以他的暢銷書《先問，為什麼？：顛覆慣性思考的黃金圈理論，啟動你的感召領導力》〔*Start With Why*〕內容為基礎），已經超過五千萬人次觀看，也翻譯成四十八種不同的語言。西奈克創造了一個強大而簡單的領導力模型，來協助企業或知名品牌找出他們的「為什麼」；實際上，他的架構是鼓勵企業以目標來領導。這樣做，是為了要讓你在做決定時，給予自己足夠的信心，不會動機模糊或是與利害衝突。以目標領導公司，能幫助你雇用擁有相似價值觀的人，同時也讓你非常明確知道公司的目標在哪裡。同樣地，跨國企業家兼作家亞莉安娜．霍芬頓（Arianna Huffington）相信，「對於企業CEO來說，最重要的能力——而且重要性只增不減——是找到目標，並將目標一直放在你的心頭上。」她解釋：「許多人都以為目標是一成不變的，但是目標其實是一種技能，可以透過組織來建造、養成。這也讓公司裡的每個員工在追求利潤與成長之外，打從心裡認同公司的理念。」打造以目標為導向的事業，並不一定是成功的保證，但你會覺得，即使（不可避免）犯錯，都是值得的；而了解到自己正在從事有意義的事，可以驅使你每天一大早果斷爬起床，開啟一天的工作。

選擇C：單純享受你熱衷的事物，不用想著把它變成你的工作，或者是期待從中獲取金錢上的利益。很瘋狂的想法，對吧？也許你所熱衷的就只是有趣的嗜好。還記得嗎？早在網際網路席捲全世界之前，人們有特別鍾愛的嗜好，那純粹只為了享受樂趣而已。想像一下，不需要將一切事物都化為金錢的壓力。現今，人們通常都會說，如果你真的很擅長某些事情，或有創造性技能，那麼你就應該靠這些技能賺錢。如果擅長烘焙，那就應該去賣糕點；擅長瑜珈，為何不揹起背包去印度，成為一名瑜珈老師呢？那種我們能單純享受嗜好帶來的樂趣，並且讓嗜好就只是嗜好的想法，也許讓人覺得太過激進了一點，但其實大可不必如此。如果你所熱衷的事物，能夠為你帶來樂趣，並感到滿足，那麼追尋它就完全與賺錢無關。一旦你因為某些事情而獲得收入時，這種交易就會改變你的初衷。也許對你來說，早上的全力一小時是用來創造你喜愛的生活，也就是早上五點起床，去海邊衝浪；你不可能辭掉工作變成職業衝浪選手，但你還是一樣可以起個大早，做你愛做的事，日復一日，把時間花在**讓自己快樂的事**，這很棒！

演練你的恐懼

阻礙多數人追尋自己熱情和目標的最後一件事是，恐懼。恐懼是人最基本的情緒，我們無法、也不應該試著去抹殺恐懼感。對於那些我們認為會產生傷害、痛苦或危險的事物，會感到恐懼。我們很多的恐懼都是很合理的，一個好例子是對高度的恐懼、對墜落的恐懼。這似乎很顯而易見，但我們知道，從很高的地方掉下來，有很大的機率會受傷，因此大腦會在正確的時間點，讓我們將注意力集中在風險上，保障我們的安全。不過，我們同時也擁有不合理的恐懼（恐懼症），也就是對於看似不會對我們造成任何傷害的事物，例如蜘蛛或鳥，產生害怕的反應。這種身體不自主的懼怕反應，通常稱為「戰鬥或逃跑」，它可以透過強迫你採取行動（戰鬥）驅使你往前，或是讓你朝著反方向跑走（逃跑）。這兩種反應都是為了讓你遠離危險。但面對恐懼，我們其實還有第三種反應方式，也就是完全不做任何事。恐懼會暫時讓你陷入癱瘓，從根本困住你。我相信這種反應，正是讓許多人不敢做出改變或去冒險的最大原因。

我曾經在全力一小時的播客節目中，兩度訪談企業指導師兼作者喬迪．希爾德（Jody Shield）；喬迪是位很出色的女性，非常了解有目標的領導他人。她二十幾歲時，曾經在倫敦一家廣告代理商工作，在外人看來，她的生活看似充滿樂趣、光鮮亮麗、步調飛快；但是對喬迪來說，現實卻截然不同。回顧當時，她覺得自己「沉迷於忙碌」，經常疲累不堪，處在精疲力盡的邊緣。最後，喬迪病倒了，她覺得自己快要崩潰了。因此，她一時衝動，決定去訂一張飛往南非的單程機票，想去探尋新的事物。至於接下來發生的事，曾讀過她著作的人大概都知道了（想知道她完整的故事，可以聽我訪問她的那集播客節目，搜尋以下關鍵字即可：「Power Hour, Jody Shield, November 2018」）。喬迪那時的衝動且勇往直前的決定，完全改變了她的人生軌跡，從那之後，她幫助超過千餘名個人及企業主，去發掘他們的目標，並依照自己的需求去過想要的生活。

由於喬迪是忽然間在某一天就覺醒，決定去地球的另一端旅行，所以你自然會認為她是相當大膽而無所畏懼的人，勇於冒險去做出改變。但事情並非如此。我們都會感到恐懼，但是我們未必是用相同的方式做出反應。我問喬迪她會如何描述自己在恐懼中的感受，以及她用什麼技巧去克制焦慮、緊張和自我懷疑的想法。她解釋說，她經常嘗試冷水療法，在可控制的環境下去面對恐懼，可以獲得多麼不可思議的好處。

「當我們踏入冰冷的淋浴間，或是洗個冰浴時，我們會開始擴展自己的理念，相信更多的可能性；因此，當你一想到洗冷水澡時，你的心態會立刻產生變化，進入戰鬥或逃跑的反應中。你會開始想著，**我的老天，冷水真的太可怕了，我一點也不想洗這種澡**。對我來說，我是個想不斷擴展的人，我想要衝破自身的侷限信念和恐懼，因此，冷水療法是個很棒的測試場。走進內心認定是威脅的環境中，非常刺激，讓我也因此體驗到，內心在這一刻告訴我的是什麼……我一向討厭洗冷水澡，所以當我走進冷水裡時，就清楚看到了自己的心理反應，它試著叫我離開這鬼地方；內心真的是竭盡所能，大聲朝我喊著：「喬迪，這很危險，妳得趕快離開這裡」……但我決定深呼吸，讓我真正完全感受整個體驗，因為我知道每當我這麼做，並抵抗想逃跑的衝動時，這會讓我強大和成長。這就是為什麼冷水療法對於深受焦慮或創傷所苦的人非常有幫助，因為這些情緒往往被恐懼所掩蓋。

我還聽過一種名為「恐懼演練」的實驗，這種做法的概念是，如果你事先在你可控制的情況下，演練自己對於恐懼會出現何種反應，那麼下一次讓你恐懼的時刻無可避免地發生時，你就能控制你的反應，同時更好地去克服它。徒手攀岩者在嘗試攻克困難（通常有致命的風險）的攀岩路線時，會經常使用到這種技巧；在攀爬過程中，能否隨時保持冷靜可謂攸關生死，如果因為驚慌，讓你在攀爬中做錯了一個動作，那真的就會變成你人生裡做的最後一件事了，這真是糟透了！

通常在一些（沒那麼極端的）情況裡，例如面試工作，或是第一次約會，恐懼和自信就像是硬幣的正反兩面。當我剛開始做播客時，我領悟到當我在談論自己很熟悉的主題時，像是健康、健身及創業等，談起話來是輕鬆自在的；可是，一旦某些話題快要超出我的理解範圍時，我的自信馬上直線下滑，開始不做任何評論，或發表自己的觀點，因為我害怕自己說錯話。因此，為了成為更棒的主持人，也為了能克服害怕犯錯的恐懼，我決定做兩件事：首先，同時也是最簡單的，是在坐下來訪談之前，自己得先做足準備，並盡可能了解訪談來賓的背景。我擬定了一個流程，用來找出每一集裡頭可能談話的重點以及提問。首先，先去瀏覽來賓的社群媒體上，查看他們最近在討論的主題，接著上他們的官網，並上網搜尋他們之前接受過的訪問；如果他們有寫書，我會找書來看；如果曾經在TED發表演說，我也會先看過。你可以想像，考慮到我每星期都要上檔一集新節目，這個流程花去我非常多時間，但這麼做能讓我提出正確的問題，也能理解來賓這麼回答的原因。來賓們似乎都非常感謝我這麼深入的準備功夫——或者他們以為我是他們的超級粉絲！但是，我認為這麼認真的準備工作是值得的。所以，下次當你覺得對於即將來到的活動或情況，感到害怕或是緊張時，請盡可能先做好充足的功課，想辦法實行「恐懼演練」；起碼你已經投入許多時間和努力準備，你會感到更有自信。

我所做的第二件事是認清一個事實，如果我想把節目主持得更好，唯一的辦法就是接觸。我每個星期的訪談主持，都是我一再自我練習的學習過程。有些來賓對於我開場的提問，只會很簡短回答，此時我得要快速思考，同時努力挖出更多深入的回應；而有些來賓可能滔滔不絕，一講就是十幾分鐘，此時我得要克制自己想插嘴或是發表看法的衝動。此外，我也會回聽錄下的節目內容，找出我是否太常使用一些讓人厭煩的習慣用語或字詞。隨著時間過去，這些過程幫助我建立起身為播客主持人的自信。沒有人一開始就是專家，而進步的悖論意味著當我們學得愈多，自己知道的愈少。所以，別害怕犯錯。認清你或你的工作永遠不可能完美的事實，無論如何，做就對了！

別讓恐懼成為妨礙你追尋熱情的事情，你曉得什麼比失敗更恐怖嗎？那就是，什麼都不做。如果你嘗試過而失敗了，你仍然能夠生存下去；但如果你永遠沒膽量去跨出那一步，那你永遠不曉得，你原本能夠成就什麼。最危險的事，就是什麼事都不做。

我們明白生命短暫，時間一點一滴不斷流逝，而我們的夏天計數器的數字也愈來愈短（我正罩著牛皮紙袋大口呼吸著）。但是，即使我帶著急迫感來過生活，而我認為你也應該如此，但這並不表示我們應該恐慌或者匆忙。本章不打算讓你拋棄一切，重新來過，而是要拓寬你的視野，並綜觀全局。跳脫出一成不變的日常，問問你自己**真正**想做的事是什麼。感受時間的流逝，並不是要我們去跟時間賽跑；埋下種子的日子，不會是你吃到果實的那一天，通常在播種和收成之間的時間裡，你只能耐心等待。

有耐心一向不是我的美德，我天生就沒有耐心，但有件事讓我完全改變了，那就是成為一名母親。對於小孩，我擁有無限的耐心，但很遺憾地，我還不知道要如何把這樣的耐心，擴展到和成年人的相處上（他們更應該要對自己的行為負責！）。去年，我訪問了傳奇廣播主持人兼DJ崔弗・尼爾森，我非常同意他對於耐心的觀點：

無論何時，每當那些想進入音樂圈或廣播圈的年輕人，攔住我並想諮詢我的建議時，我會給他們一分鐘時間和提點建議，但我無法給他們答案。重要的是，試著自己找答案，拓展一條屬於自己的道路。我在鋪自己的道路時，就像拿鋤頭在挖隧道，一鋤一鋤慢慢挖，不知不覺中，十年就這麼過去了，而你仍然還在挖，繼續鏟土。你並不知道隧道的出口在哪裡，你的前方也沒有人可以讓你跟隨，但你還是要一直前進，一直挖下去。然而，現在的年輕人的問題是，他們能夠直接看見隧道另一頭的風景，並想用最快的速度來通過隧道。這是個很大的問題，現今的世界一切都運行得飛快，什麼都想速成。保持你對工作的敬業態度，以及你對知識的渴求。

我的看法是，只要你知道是朝著正確的方向前進，那麼花多少時間在隧道內挖掘，並不是那麼的重要；努力工作永遠不會白費，尤其是當你所做的事是很有意義，且有價值。

我花了許多時間思考自己的目標，在過去十年間，我專注的事物以及我生活中所看重的，也有了很大的改變，但現在的我，有了專心一致的目標了。事實上，我正是圍繞著這個目標，來建立我的生活與事業，它也引領我開始做全力一小時的播客節目，並以此主題著手寫書。簡單來說，我的目的是證明，即使是普通人也能成就非凡的事：我相信每個人都有能力做得更多，而我試著帶頭示範。我不是職業運動員，也不是名人，更不具有特定能力的天賦；**但是**我努力勤奮，大膽無畏，而且願意學習（保守地說，我真的熱愛學習）。我深知自己的長處與缺點，樂於嘗試，失敗了也無妨。為了告訴人們應該如何做、又該做什麼，我得親身示範，我相信這正是讓我能有今天成就的主因。

我們活在這個星球的時間都是未知的，有些人會活得比其他人更久，而這些時間能夠濃縮成許多重要的時刻，其他的一切很快就會被人所遺忘。如果你能活到八十歲，在你回顧人生時，哪些對你而言會是真正重要、值得回憶的片刻？別人將如何看待或緬懷你？這是因為你養育家庭？建立了事業？因為你曾環遊世界？或出過書嗎？為了正義挺身而出？還是很擅於娛樂他人呢？這些重要的時刻，最終讓你的生活有了意義，而且有了**目標**。

Reward
yourself for
your effort and
willingness to try,
regardless of the
outcome.

無論結果如何
光是你下定決心嘗試，努
力去做
就值得犒賞自己

第7章

創造你的全力一小時

Create Your Own Power Hour

市面上有許多書，描寫那些高效率人士的晨間例行活動、儀式和日常習慣，大部分的書我都拜讀過。這些人一致同意，一天當中的第一個小時最關鍵。它會影響你接下來一整天的精力、情緒以及做決策的方式，因此，我開始變得非常在意自己會如何運用這段時間。過去四年中，我都是以清晨的「全力一小時」開始新的一天，在這段時光裡，我學會如何發揮這一小時的最大效用；我知道該做哪些事情，而又該避免做哪些事。我嘗試過許多不同的例行活動，透過「全力一小時」，每次專注改善一個生活中的一個領域：有幾個月的時間，那一小時中所做的全都是運動和訓練，接著又轉變成用來讀書與學習，然後又變成是寫日記與禱告。還有過那麼一陣子，用來專心寫這本書。我的全力一小時不斷改變和進化，但每日的實踐仍始終如一的持續下去。

你可以從書中提供的工具、概念和建議，去創造你的全力一小時。先找出你**爲什麼**想做的理由，以及要**如何去做**。做實驗總是需要反覆試驗，所以不要指望能夠一下子就百分百取得成功。也許一開始會失敗幾次，可能是因為你稍微分心了，或是預料之外的事，讓實驗偏離了正軌；我了解，人生就是這樣，繼續往前。在這種情況下，我的建議是不要沉溺於情緒，也不要拿失敗來當作藉口。直接按下重置鍵，再試一次。回顧本書之前的章節中，你畫過的重點，找到讓你有共鳴的頁面，故事或引述，然後重新讀一遍。如果我的全力一小時對你沒用，那不妨試試別人的做法，關鍵是不斷的調整和改善它，直到你找到最適合**你的**日常例行活動。

在本書開頭，我分享了關於培養成長心態和掌握自己決策的看法，並堅信不該讓過往的境遇決定了自己的未來。我在全力一小時播客節目中訪問來賓時，通常一開始會請來賓聊聊自己的故事：他們在哪裡長大的、他們在學校裡喜歡什麼、他們如何進入那一行，等等。這樣的開場介紹讓我最感興趣的是，聽著來賓敘述自己的故事時，我們也能夠很清楚了解到他們對自身經歷的感受。他們談到自己故事時的**方式**，展現出他們的信仰，以及心態。他們如何看待自己遇到的挫折與失敗，或是機會與成就，當然，還有他們在故事裡如何去形容其他登場角色（例如他們的父母、朋友和同儕），種種一切，都讓我們得以一窺他們看待這世界的角度。

舉例來說，如果有人跟我說：「我在學校時真的很努力，畢竟我並不算是聰明的學生，一直努力跟上其他人的腳步。我沒上過大學，所以很早就出社會工作了，但我也因此獲得更多的經驗，這讓我在職涯裡有了好的開始。」聽到這個故事，我馬上想到的是，他擁有成長心態，因為他把一般人所認為的劣勢，例如沒有讀大學這件事，視為是一種優勢。

他們也可以換個方式說：「我在學校真的很難捱，我不夠聰明，所以沒機會上大學。但我工作得比任何人都還努力，才有了今天的成就。」你可能認為這兩個版本不都一樣？但重要的問題是：你會用哪一個版本？

你自己的故事呢？這個故事讓你學到了什麼？每個人都是獨一無二的，我們的經驗形塑了我們對這個世界的看法，以及我們如何看待身處在世界中的自己。那麼，你是否對現在的你負起全責？你是否相信自己有能力開創屬於自己的未來、自己的角色，以及自己的人生？你是否總是說自己是厄運和不幸遭遇的受害者？你要如何開始告訴自己更有主控權的故事——一個你渴望和有能力去追尋自己的目標，能夠發揮你全部潛能的故事？不因過去而**限制**現在的你。

最後，也是最重要的一點：讓你相信的故事成真。

想像以下的場景：一年後的今天，你和朋友在咖啡廳外的露天咖啡座喝咖啡，你告訴他們，過去這一年，是你人生中最棒的一年。那麼，接下來的三百六十五天，你要怎麼做，才能讓**這個**故事成真？先確認你的最終目標，接著反推需要完成的步驟來達成目標。也許你需要換個工作，或是開始健身；又或者你得去認識新朋友、學習新技能；也可能你要開始存錢了。無論你要開始做什麼，**今天**，請馬上行動！沒錯，要想種一棵樹，最好的時機是二十年前；但第二個最好的時機，就是現在！你永遠無法回到過去，你只能從此刻不斷前行。別讓定型心態或負面的信念，將你困在一成不變的故事裡，請開始善用你的全力一小時，來創造新的故事！

我在二〇二〇年裡寫完了這本書，這是讓世界產生永久且巨大變化的一年。在這段詭譎且充滿不確定的日子裡，人們在全球性疫情的黑影威脅下，必須在隔離的狀態下工作，此時，我學會了去珍惜一些微不足道的小事，並從每一天的生活中找出樂趣。與此同時，我也開始期待未來，相信最棒的結果尚未來到。雖然二〇二〇年不是我計畫的一年，當然也不是讓我心想事成的一年，但對我來說，二〇二〇年讓我學會珍惜短暫且真正寶貴的時間。我現在比以往都更能體會生命的脆弱。沒有什麼是永恆的，沒有事物亙古不變。無常體現出好的一面是，它讓你更珍惜所有的一切，因為你終於明白，終有一天這一切都會消逝。與此同時，每天層出不窮的壓力也不再重要了，因為在短短幾週、幾個月或幾年裡，今天的大麻煩對你來說，也不再是問題，也無所謂了。

身為一名母親，我對於時間流逝有著明顯的感受。一天天過去，我看著我兒子轉眼拔高到衣服穿不下，那個原本我還抱著、靠在我肩上睡著的小男孩，一轉眼間就長得比我還高了。

就像我之前說的，時間是我們所能擁有最為寶貴，也是一旦失去就再也無法讓它回頭的事物。而我們必須善用它。因此，你今天的全力一小時，遠比之前的每一次都更重要。

拿回原本屬於你的時間

你有多**重視**你的時間？人們總是花較多的精力和心神在管理自己的財務上，而不是管理時間。你可以賺錢、花錢、贏錢、輸錢，也能把浪費的錢再存回來，但在時間上，你無法這麼做。

當你看著行事曆，你看到了什麼？它是空白的嗎？如果你的行事曆有許多的留白，也許是因為你覺得沒有必要去規畫時間，你喜歡隨興過生活；但這種做法的問題是，總是會冒出某些事或某些人占用了你的時間，假使你沒有依照自己的意願去運用時間，很容易就會把你所有的時間給揮霍掉。也有可能你的行事曆上密密麻麻，還用不同顏色區分，整理得有條有理，幾乎每一天、每個小時都標上記號了；這就是為什麼我們需要在早上安排全力一小時：如此一來，我們就能專注於取回自己的時間。每當我和別人談起全力一小時，都會刻意使用「取回」這樣的字眼，這是因為你是去**拿回**原本屬於你的東西，無論它是被你浪費或被人偷走了。哪些事是你本來打算在這週去做，卻又**沒時間**去做呢？每個人每週都有一百六十八小時可以運用，讓我們把它拆開來仔細研究，看看能否拿回七小時的時間。

假設你每星期有五天，從早上九點一直工作到晚上六點，總共四十五小時。

假設你平均每個晚上睡八小時，總共五十六個小時。

45＋56＝101

好的，我們現在還剩下六十七小時；**咦？我算對了嗎？**是的，這數字正確，還剩下六十七小時，你也可以再算一次，看看我算的數字正不正確（這也是為什麼我喜歡數學，因為數字永遠不會說謊）。

再扣除每週六小時的通勤時間。即使你每晚花一小時看電視，仍然還剩下五十四小時。

我想你應該漸漸抓到重點了；關鍵是我們多數人在管理自己的時間上，都做得很糟糕，也因此浪費掉不少時間。我認為，把每一天中每個小時行程都排得滿滿的，是不切實際的做法，而且也沒什麼用——我們都需要一點空餘時間——不過，我們至少可以每天都抽出一小時，也就是每天的第一個小時，拿來做一些你重視的事。如果你認為，把每天的第一個小時保留給自己，似乎有點自私或太過自我，我必須告訴你，很抱歉，但你錯了。坐過飛機的人都曉得，空服員在指導我們應對緊急狀況時，都會要我們先戴好自己的氧氣面罩之後，才去幫助其他有困難的人，這是因為當我們照顧好自己之後，才有能力去照顧自己所愛的人。同樣的道理也適用於此。我們一直被教導、灌輸：我們必須總是先想到別人，而有意識地優先考慮別人的需求是高貴且體貼的行為。但是請想像一個場景：你躺在醫院準備開刀，那麼，你希望由充分休息且警覺的醫生，還是一個奉獻自我，連續三晚熬夜而一臉疲憊、快累垮的醫生主刀？我很清楚知道自己想要哪一種醫生。事實上，如果能夠取回一些時間和活力投資在自己身上，你的健康、人際關係、小孩以及工作，一定可以從中獲益；畢竟，你無法給予別人你手中沒有的東西。

不過，一小時，到底能帶來多大的改變？嗯，如果你熟悉「微小增長理論」，那你一定很清楚，許多微小的事物累積起來，就能產生巨大的影響。這個理論探討的是，任何過程中微小、逐漸遞增的改善，如何累積成可觀的進步。這個概念常稱為「百分之一法則」，它強調儘管百分之一看起來可能是很微小的數字，但實際上，它可以改變一切。這種創新的概念，因英國的前英國自行車國家隊成績總監戴夫．布萊爾斯福德（Dave Brailsford）而廣為人知；他的構想是專注在自行車選手的關鍵數據上，像是例如輸出功率，並特別突出表現較弱的領域，以便改進百分之一的微小細節。一開始，人們取笑他的做法，但過了一段時間之後，卻看到難以忽視的結果呈現在他們眼前；在布萊爾斯福德的指導下，英國隊在二〇〇八和二〇一二年兩屆奧運，在自行車項目獎牌榜居冠，分別拿下八面金牌。

如果百分之一的進步，就能讓世界上最優秀的運動員獲得如此出色的比賽成果，那麼我確信你每一天花百分之四的時間（一小時）專注在自己的目標上，會是很值得的付出。也一定可以帶來很大的幫助。的確，一小時可能不足以讓你的生活產生天翻地覆的轉變，但是假以時日，它一定能夠產生影響。一件事只做了一次、兩次，當然改變不了什麼，重點在於繼續做下去。

每天的第一個小時，決定了你這一天

你可以自行決定你的全力一小時要做什麼，但不能妥協的一點是，它必須是你每天一開始的**第一個**小時。讓全力一小時成為你起床後第一件要做的事，可以強調它在你生活中的重要性；讓它成為你日常中的優先事項首位，也可以有效克服你的拖延症。如果你是個拖延高手，一定很清楚把重要的事拖到最後一刻才解決的兵荒馬亂；而假使拖延是你的無用習慣，全力一小時正好可以成為你最佳的解藥。通常，當我們把待辦事項中的某件事（或好幾件事），遲遲放著不處理，可能是因為以下幾個理由：

▼我們嘗試去做自己並不擅長的事，所以這個任務看起來做不來和艱難。舉例來說，如果你不擅長管理自己的財務，就可能拖到最後一刻才去處理報稅；光是想到要去做這件事就讓你禁不住發抖，你當然會一再拖延，但，你知道自己終

究還是得面對它，不是嗎？

▼有些事是我們先前一口答應下來，如今卻後悔自己不該隨口答應，我們就會把這件事晾在一旁。幾年前，我的商業教練就這個問題給了我一些很棒的建議；她說：「當有人要求你做某件事，而截止日在幾週後，在回應前先花點時間反問自己，**如果我明天就必須做這些事，我會答應嗎？**這個問題，完全顛覆了我的想法！如果我對於明天就要開始做這件事，不抱任何期待的話，那麼事實上，兩週後，我也不會對完成它有任何熱情。

▼我們會把最有趣以及有回報的事擺在優先順位，而不是無聊（但往往更重要）的工作。我們會告訴自己，我不是故意要把事情拖到最後一分鐘才處理，只不過是因為我手上的事情太多了，**忙得不可開交**。我想這只不過是掩飾的逃避態度。

那麼，全力一小時會如何幫助你克服拖延症呢？很簡單，在一週開始，挑一天，然後利用當天的全力一小時，先「吞下這隻青蛙」；喔！我不是真的叫你去吞青蛙，而是要你找出待辦事項中，你**最**不想去做的那件事——你上週發誓要完成，但到現在都還沒處理完的事。把那件事重點劃線起來（那隻假想的青蛙），接著，利用自己的全力一小時，先完成那件事。如果有人要在大學教有關拖延的課程，那麼「吞下這隻青蛙」的策略，絕對能夠幫你省下許多浪費掉的時間和壓力。如果時間是金錢，那麼拖延就是信用卡：你可以今天隨意揮霍，但刷出去的錢總是要還的；今天就去做你害怕去做的事，聽起來一點也不吸引人，但是只要完成了那件事，你會感受到前所未有的放鬆與自由。

雖然我一開始曾經說過，你的全力一小時可以在任何時間點進行，只要是在你當天的第一個小時就好。請原諒我無意間誤導了你，過了七個章節之後，我改變了想法（還記得嗎？我們都同意，人要樂於改變，改變很棒！），時間點其實很重要，為了發揮全力一小時最大的效果，你需要安排在很早的時段，以下就讓我來解釋為什麼……

簡單來說，在早上六點前，世界基本上還是處在沉睡的狀態，這可以讓你更專注，也不會有人打擾你。如果你像我一樣，很容易受干擾的話，你可能會覺得除非是完全獨處的狀態下，不然實在很難把注意力完全集中在單一事情上。科學家兼作家卡爾．紐波特（Cal

Newport）解釋，我們正快速喪失長時間專注在耗費心神任務的能力，但這是一種非常有用的能力；他稱這種技能為「深度工作」（deep work）。如果你練習深度工作（紐波特說，每個人都做得到，只要「拋開高科技」，然後「擁抱無聊」），可以讓你「在工作表現得更好，在更短時間內完成更多事。」基本上，當我們想要試著同時處理兩件或更多事情時，**會以爲**這麼做是節省時間，但其實這樣反而**更沒效率**。由統計數據來看，他的看法是對的。許多研究指出，嘗試多工模式，會降低人們的認知力及生產力達四〇％；因為每當我們要從一件事切換到另一件事時，大腦需要花時間重新集中注意力。你是不是常在筆記型電腦前做事時，每幾分鐘就抬起頭來跟別人講話，同時也把手機擺在前方，隨時準備一有訊息或通知進來時，能夠很快地回覆？難怪，我們總是無法把事情做好！

上帝可以作證，在早上五點半時，我根本不會一直想要去看手機，檢查電子郵件，瀏覽社群媒體或者找人聊天。我集中精力，讓自己更容易達到深度工作。別人根本不會想到這個時間點你是醒著的，更別說上線或是有空檔；這是我在全力一小時中最享受的事之一，而這種情況，在一天稍晚的時間很難再有。如果你正在學習，或是有需要專注處理的事，不妨試著在早上的全力一小時裡，當成要做的第一件事。確認你的手機不在你的視線範圍內，同時關掉電腦上所有其他用不著的網頁瀏覽器分頁。你一定會非常驚訝，在這完全不受干擾的短短一小時內，居然可以完成這麼多事。每當我以這樣的方式去做之後，總能以相當平靜的心來開啟這一天。如果今天的第一件事是寄出需採取行動的電子郵件，我會積極**主動**完成這件事，而非**被動**等待回應，這麼一來，我就能進行下一件工作，不需要一顆心懸著，擔心有人等我回信。我也感到更愉快了，因為我知道在日出前一小時的深度工作，讓我省下在稍晚效率較差的時段中做這件事所需的兩小時。

全力一小時必須夠早（最好在早上六點前）的想法，部分原因在於，這個世界其他組織的時程安排。無論是你通勤上班、接送孩子去學校，或是在家工作，人們大多在早上八點到九點這段時間開始正式活動。如果你賴床到七點才起來，那麼你能運用的時間就所剩無幾。這也解釋了為什麼我會在大眾運輸工具上，看到許多人還在做上班前的準備：例如站在地鐵車廂裡還能化妝（即使在最理想的環境下，要掌握好眼線筆都已經很困難了，所以我對如何在行駛中的車輛上辦到，感到既欽佩又困惑），或在火車上吃早餐。（我說的可不是Pret咖啡配可頌的標準組合。我還看過有人用「特百惠」保鮮罐吃著格蘭諾拉燕麥片，有一次，我還在尖峰時刻的銀禧線[1]列車裡，見過有人切一整顆鳳梨來吃！千真萬確！）。我在倫敦通勤時，看過最不能被社會大眾接受的行為，大概是有個男人在車上拿著指甲剪在剪自己的手指甲，有夠噁心的！有些事情真的應該在你離開家門**之前**，就先打理好才是。

大多數人都說他們討厭遲到，但他們早上總是讓自己沒時間準備（說到這裡，我都會想起一個朋友，她**老是**遲到）。先別理什麼冥想、健身或發送電子郵件這些事了：如果你從起床後到坐在辦公桌前只花了不到一個小時，這沒辦法讓你過上美好的一天。以我來說，我很清楚如果快遲到了，或一大早就很匆忙，會變得暴躁和焦慮；有時候，這種情況難以避免（特別是還牽涉到小孩的話，——他們沒有時間觀念，無論你提醒他們多少次要準備出門，但可以確定的是，他們直到最後一刻都還在準備），那麼，有沒有最簡單也最直接的解決之道呢？沒錯，你猜對了，請下鼓聲，答案揭曉：**早點起床！**

時間愈多＝壓力愈少

1 Jubilee Line，又稱朱比利線，英國倫敦市一條繁忙的地鐵路線，在二〇一二年的載客量就已多達2.1億人次。

設定目標的五個原則

好的，你每天早起，而你也決定了要朝著哪個方向努力，但是，你要如何把看起來很遙遠的目標，轉變成較實際且可行的事？每當談到設定目標，我會運用五個原則，並以下列的順序進行：

1. 要具體
2. 設定期限
3. 把目標告訴別人
4. 評估和反省
5. 尋求幫助

1. 要具體

這之所以是第一個原則，有很充分的理由。根據定義，「專注」這個詞的意義表示引導你的注意力和努力。如果一開始沒有一個明確的目標，那麼你就不知道焦點該放哪。打從有歷史以來，這一條建議一直存在——即使是《聖經》都教導我們，對於自己的要求一定要明確清楚：「寫下夢想，讓它更明白。」[2]如果目標含糊不清，例如「我想開一家公司」或「我要更健康」，這些完全不足以驅使你每天早上六點起床。腦中靈光一閃或有個新想法是好的開始，但接下來你得更深入思考，確定你真正想做的事，以及你為何想去做。第一步是先問自己以下四個問題：

2 原文出自哈巴谷書2：2，原意為：「寫下你所見異象，使讀的人明白。」

爲什麼你想做這件事？
誰能夠從這件事獲益？
如何達成？
什麼事會阻礙你使它成真？

練習：

如果你還沒能切中目標的核心，無法確實回答第一個問題的話，再來試試這個簡單的

問自己五個「為什麼？」

目標：我想要寫一本書。

爲什麼你想寫這本書？

因為想接觸更多人，而書是很棒的管道。

爲什麼你想接觸更多人？

我想與他們分享全力一小時的概念。

爲什麼你想分享全力一小時的概念？

全力一小時徹底改變了我的生活；把這個想法分享給別人，就能鼓勵他們去追尋自己的目標，創造他們想要的生活。

爲什麼你想鼓勵別人去創造他們想要的生活？
因為我相信大多數人從來不曾發揮他們所有的潛力，而這只是因為他們設定的目標太小，他們限制了自己。

爲什麼你相信全力一小時？
我也曾經處在這樣的情況。我非常害怕自己在回顧人生時，只剩下滿滿的後悔；而我**絕對不想**說出這樣的話：「我很想做某件事，但一直找不到機會。」

當你一一問自己五個「為什麼？」，就會更清楚自己的目標。我不曾寫過書，但一開始我就知道這一點也不簡單，而如果我目標不明確的話，就不足以讓我集中所有精力及專注力去完成這個目標。因此，當我在星期六早上五點半，坐在廚房餐桌前，打開我的筆記型電腦開始寫作時，在我心裡浮現了這些問題和答案。我會想像，有一天，有人讀到我寫的書，對這些內容產生了共鳴——如同按下了鋼琴中鍵；就算只有一個人讀這本書，並因此受到鼓勵採取行動，讓他的生活產生有意義的改變，那我就算達成自己的目標了。

希望你現在已經有了一個明確的目標，知道為什麼、為誰、怎麼做，以及需要做些什麼。好了，接下來你需要這麼做……

2. 設定期限

這一點真的很重要！如果不知是否有終點線，那麼你很難站在起跑線上。以我來說，我**必須要**有一個工作期限。這不只能讓我保持動力，更重要的是，可以幫助我排定時間的優先順序。如果離我下一場比賽還有三個星期，我不會跳過訓練；有必要的話，我會重新安排行事曆，確保自己參與接下來的每一次練習。但是，如果缺少了明確時間的目標，那我很可能會跳過一次訓練，因為沒有急迫性的情況下，做訓練似乎顯得沒那麼重要。

一般來說，我們會盡可能延長一項計畫的時間，即使它很快就能完成。因此，無論你的目標為何，一定要設定好期限，而且盡可能具體。六個月後？太籠統了。我希望你在行事曆上挑一個特定的日子，把它圈起來，一旦有了時間上的壓力，就會迫使你把目標挪到優先的位置。而你接下來就要確認你到底剩下幾個月、幾星期甚至幾天，然後開始工作。如果你是那種總是等到最後一刻才趕工的人，那麼就給自己設定一個假的截止期限，例如比實際的期限早一星期，接著重新調整，強迫你自己相信這個截止日期不可修改。如此一來，一旦真的趕在這個虛構的期限日內完成，你還可以喘口氣，好好享受一段休閒時刻，或是利用多出來的一星期，把工作調整到更完美；如果你來不及在虛構的期限日內完成，至少你還有一星期，可以保持餘裕把工作收尾。

3. 把目標告訴別人

（在進入這部分之前，我要先提醒你：**這個人**一定要想清楚，而且要確認他是真的想看到你成功的人。）

為什麼我認為把你的目標告訴別人很重要，最明顯的原因當然是責任感：當你把創業的想法告訴你的朋友，與他們分享這個想法之前，你會強迫自己把想法整理得更清晰，不只如此，你還會希望下一回與他們碰面時，可以分享這件事的更多進展，因為他們一定會想了解你最新的進度。有些人喜歡身上背負責任的感覺，因為這加快了他們的進步；但對有些人來說，壓力會讓他們難以負荷。無論如何，只有你自己最清楚，哪一種方式能讓你更接近目標一步。對我而言，當我分享的人愈多，效果愈好！事實上，如果我腦袋裡有了一個新想法，一星期內卻沒有告訴任何人，通常就代表危險訊號，我對這個想法其實沒那麼感興趣，我最好把注意力與精力放在別的地方。

記得要和其他人溝通，為何要把你的目標告訴他們；你會諮詢他們的意見嗎？如果他們覺得這是個壞主意，你會覺得失望或被冒犯嗎？你是否只是因為想和找人確認你的想法，所以才告訴他們，但其實你早就下決心去做這件事嗎？因為他們有這方面的經驗，所以你告訴他們，覺得他們或許會支持你，同時給你一些指引嗎？一開始就要設定好你期望的結果，以避免一旦你發現所獲得的回應不如預期時，感到沮喪或偏離正軌。這也是我一開始時所說的，一定要想清楚你要訴說的對象是**誰**；在你的「董事會」當中，哪個成員是你分享目標的最佳對象呢？

4. 評估和反省

你已經有了清楚明確的目標，設定好期限，也跟朋友分享了你的想法，接著努力工作了六個星期；這時，你要稍微停下來，評估你目前的進度到哪了，然後反省你到目前為止做了哪些事，而哪些事你沒有做好。無論你的目標的最終結果是什麼，也許是讓你更健康，或是賺更多錢，還是在事業上有所發展，你都必須要用實際且可量化的方式，衡量你的成功。你可以設定一些能夠客觀檢視進度的標示，以確保你是朝著正確的方向前進。那麼，你該如何衡量自己的進度呢？你需要獲得哪些資訊，才能判斷該做什麼樣的調整及改善？千萬要克制自己想衝得很快很遠的欲望，因為你很容易就沒有注意到，其實正在偏離正途中；這就有點像是在駕駛一艘船，而你目前航行的角度差了十度方位，如果能夠愈早修正，修正效果會愈好。

這同時也是尋求回饋及進行自我評估的好時機。根據心理學家兼研究員塔莎・厄里奇博士（Tasha Eurich）的研究指出，九五％的人認為自己有自我意識（self-aware），但真正有自我意識的人大約只占十％而已。這真的令人震驚。幸好，她還說：「所有關於自我意識主題的實證研究中，有件事是非常明確的，那就是我們都可以藉由學習，提高自己的自我意識。」她把自我意識定義為，能夠更清晰看見自身的意願和技能，它可以用兩種方式分類：內在的自我意識和外在的自我意識。內在的自我意識，指的是我們由內而外了解自己，它知道我們是誰，我們看重什麼，以及了解自己獨一無二的優點與缺點。同樣重要的是外在自我意識，這是由外而內的自我意識：也就是能夠知道別人是如何看待我們。我比較意外的是，原來這兩種意識彼此獨立互不相干。雖然，你的內在自我意識可能相當準確，但是你的外在自我意識卻完全失準，反之亦然。如果別人給你的評語讓你感到措手不及或感到驚訝（像是：「你總是太好勝了」），這或許正表示你缺乏外在自我意識。

厄里奇博士的研究指出，在自我意識評量表上獲得高分的人，是更好的溝通者，更好的領導者，也是更好的父母，同時也比較不會說謊、欺騙和偷竊；他們活得比較快樂，也擁有較深入、互信的人際關係。聽起來很不錯！要想提升自我意識，有一個所有人都能運用的方法，也就是從不同的人身上獲得回饋。這或許聽起來讓人卻步，但是你一定要保持開放的心胸，並記住你這麼做的原因，是為了改善自我，更接近自己的目標。向人們尋求正向與負面回饋，可以讓你獲得全貌。當人們在尋求回饋時，多半會以為只需要如何改善自己不足的建議；然而，了解你自己的長處，也同樣重要。

5. 尋求幫助

開口尋求幫助，不是因為你覺得自己需要幫助，而是因為尋求幫助，無疑地能讓你更快達成你的目標。在任何情況下，能夠學到最多的人，都是那些願意開口問最多問題的人。一種常見的想法誤區是，我們在某件事上愈有成就，開口尋求幫助的可能性就愈低。我們可能會以為，自己對於這個主題或者是計畫，了解得夠多，足以讓我們獨力進行，或是可能會擔心，一旦開口尋求幫助，等於是凸顯了我們在知識上的落差。我的看法是，當有人願意開口尋求幫助，代表他真的有心想把事情做對；況且，承認你沒有所有問題的解答，也表現出你的謙虛，同時也減輕了自己的壓力。

一旦需要尋求他人協助，我會依循一個簡單的做法。首先，要先確定你問對了人（也就是說，對方要擁有你所欠缺的技巧與知識）；其次，記得在正確的時間問問題。如果你的夥伴在週五深夜才回到家，而他下午才剛開完一場很累人的會議，那麼這可不是問他能否幫你看簡報內容的好時機。體諒他人的心情，選擇一個他們願意，而且也能夠幫助你的時候，再請求他們的幫助。最後一點，別帶著任何前提或期望提出要求。這一點或許很難做到，但卻真的很重要。當你請求別人幫你時，一定要記住，這是**請求**，而不是命令，他們完全沒有義務要一口答應，所以當你被拒絕時，千萬不要認為別人在針對你，或因此感到憤怒。也許他們剛好沒時間、或是無法全心幫你，當然，也可能純粹不想伸出援手——無論如何，請隨他去，也不要以此來評斷這個人。還有，對於你請求幫助的原因，也要誠實以告。我曾經遇過有人請我去參加在葡萄牙舉辦的半馬賽事，這是一場慈善募款活動，但稍後我發現，在我答應邀請之前，他們早就打著我的名號並使用我的照片，去推廣這場賽事，甚至以此去說服我的一些朋友也參加比賽。說真的，如果他們最初就開誠布公，表現誠意，我還不會那麼介意，但這件事真的讓我對於與他們合作充滿了疑慮。

我會試著把每一個目標，都用這五個原則來做壓力測試。到目前為止，這個框架已幫助我在更少的時間內完成更多的事——而且它也幫助我在身旁出現光鮮誘人的事物時，讓我仍然能維持注意力，以免深陷其中，無法自拔。不過，記住一件非常重要的事，儘管我在書中談了不少關於如何確定你的目標，但更重要的是，千萬別讓這些目標定義你。終究來說，什麼才是真正重要的呢？要定義成功的方法有很多種，但我可不想要用錯誤的方式來成功；我只想在對我真正重要的事上成功，也就是符合我的價值觀，而且能夠影響我對自己基本的感受。並不是說，你能否在今天、在這星期或者在今年完成自己列表上的每一個目標，就定義了你這個人；要把目標與你自己分開來看，無論結果如何，光是你下定決心嘗試，努力去做，就值得犒賞自己。

我的全力一小時

我問過許多人關於他們的晨間例行活動，而現在，你或許會很好奇我如何運用自己的全力一小時。每天，我會將起床鬧鐘設定在五點半（雖然我通常會在鬧鐘響起前十分鐘就自己醒來了）。起床後，我會直奔浴室，用冷水沖臉，開始做十到十二次快速鼻式深呼吸（也就是透過鼻子吸氣、吐氣）。在進行這個呼吸練習的同時，我會試著專心想一個字或一個詞，通常是對我有意義的字詞，並與即將開始的這天有關；也許只是簡單的「看看光明面」，這麼一來，無論今天發生了什麼事，或事情走向如何變化、與他人的互動，我都會試著看好的一面，即使它可能只有短短的一、兩分鐘，也會改變我接下來一整天的心態。又或是，如果我專注在一個字上，那麼這個字必須簡潔有力，例如「勇氣」，可以提醒自己，想要追求巨大的目標，你需要勇氣；想讓目標成真，也需要勇氣；不用說，你要克服困難，更需要勇氣。

這些大概只花了我三分鐘，接下來我會下樓，開始進行以下其中一件事：

▼將這六十分鐘全部專注做一件事，也許是慢跑，閱讀、整理東西，甚至是做料理，但無論做什麼，在這一小時內，我只全心做一件事。我就是這樣開始了我的全力一小時，這既簡單又有效。我的首要選擇通常是慢跑，特別是在春季和夏季時，因為它可以一次完成很多事情。我邊跑步，邊聽播客或有聲書（去年，我邊跑步，邊聽了四十九本有聲書），所以我做日常運動時，也一併學習

激勵人心的事物。而且在清晨慢跑，總是讓我接下來的一整天感覺都很棒。

▼切成兩個三十分鐘：前三十分鐘給我的身體，後三十分鐘則是給我的心靈。一開始，我會攤開瑜珈墊，播放一些活力音樂，接著活動、伸展和呼吸，來喚醒我的身體。我會做好幾種運動，增加我的心跳率，但不會到太劇烈；起初我的動作很緩慢，做任何我喜歡的動作，接著轉換成我最喜歡的彼拉提斯，來活動我的核心。這提醒我，我可以掌控自己，有力且有耐力。接下來，我會做一些全身的伸展，然後是一系列的深蹲、箭步蹲、棒式與伏地挺身。我無法明確告訴你我到底做了多少次，因為每次都不一樣。我的原則是，持續做這個鍛鍊，直到你感覺肌肉出現燃燒的感覺，接著再多做十次。最後，我會以更多的伸展作為結束（順帶一提，我最近迷上彼拉提斯，找不到更好的話來推薦它了，而且我真心認為，如果你只想做一種活動，那就該選擇彼拉提斯；它可以調整和雕塑你的身體，保護你的背部，改善你的姿態，還能讓你成為一名跑得更快、

更好的跑者。我希望我八十歲時，還能繼續做彼拉提斯！）。運動三十分鐘之後，我的身體充滿活力，也完全清醒了，最重要的是，我思路開啟了。這時我會提筆寫三十分鐘的日記，所寫的內容可能是回答對自己的六個提問的回答（見第41頁），或是翻到空白頁，隨意寫下腦中想到的東西。有時我會寫下以下的幾個宣言清單，確保我這一天繼續努力朝自己的長程和短期目標前進：**今年我將要……這個月我將要……這個月我將要……這星期我將要……**免責聲明：我通常得一邊盯著時鐘來確保自己不會寫超過三十分鐘，因為我常常因太投入而忘了時間，突然就已經是早上七點。

▶ 三個二十分鐘區塊：二十分鐘運動、二十分鐘正念冥想、二十分鐘**做任何事**。以我來說，相較於其他選項，我比較少這麼做，但我知道對許多人來說，這種方式也可以非常有效。第一個二十分鐘的運動，可以做任何能提升你的心跳率、讓氧氣在體內完整循環的運動。健走或慢跑都很適合。第二個二十分鐘可以用來冥想或寫日記，只要能讓你在一天開始前享有平靜。最後的二十分鐘是行動。在你的待辦事項裡，哪些事可以只花二十分鐘或更少時間就能完成？有沒有什麼事之前被你擱置，但如果完成了，就能讓你今天感覺更好？

無論你打算用哪一種方式來度過第一個小時，我的建議是在前一天（而不是前一晚，因為晚上你也累了）就先規劃好，然後付諸行動。

關於我的全力一小時，有兩件事值得一提，那就是我的手機和早餐。大多數時候，我會在早上六點半前盡量避免使用手機，沒有什麼事是不能等到全力一小時之後。我在慢跑時確實會帶手機，這是方便我聽播客，以及使用 Strava 跑步記錄軟體（這是必備的），但我不會點開訊息、電子郵件或社群媒體。假如我在早上六點半前打開 Instagram，那麼就很可能會在上頭分享一些與鼓勵有關的訊息，並為和我一樣日出前起床的人們虛擬鼓勵。我通常起床幾小時內不會吃早餐，而是在跑完步回家，把孩子送去學校之後，大約早上九點半才吃早餐；這讓我擁有充足的時間準備，同時能悠閒地享用我一天開始的第一餐。

●●

打從我二〇一八年開始做全力一小時的播客節目後，我問過至少超過一百人，他們的全力一小時都做些什麼——從冷水療法到煮碗湯、衝浪到拳擊、早晨狂歡[3]到喝芹菜汁。我訪問過職業足球員、暢銷作家、知名醫師、心理學家、商業教練……名單還在持續。聽他們講述自己的故事，從來不讓我覺得無聊，而且從中學到許多，例如那些促使他們一大早不賴床的動機。現在，輪到你去創造你的全力一小時：專注在你的目標上，然後去創造你喜愛的生活。

我在每一集節目最後，都會問來賓一個問題：假使你每一天真的多出一小時運用（是的，現在開始一天有二十五小時），你會如何利用這多出來的一小時？

3 幾年前，歐美曾流行在早上跳舞狂歡。

關於這個提問，我聽到許多不同的答案。有些來賓告訴我，他們會利用多出來的一小時讀更多書；有些人則說會用這多出來的時間打電話給他們的父母、練習彈鋼琴、冥想或是寫下對新事業計畫的想法。無論確切的答案是什麼，如果真的多出了一小時，他們通常會選擇做自己喜歡的事。

我衷心希望這本書能激發你的想法，給予你靈感。我希望你能夠學到新的事物，也希望從現在開始，你將以全力一小時來作為一天的開始。

最後，我希望你可以問自己這個問題。

如果你每天多出了一小時，你會運用那一小時做什麼？

致謝

獻給無論過去或現在陪在我身邊的人們，沒有你們的幫助、關愛與支持，我無法完成這本書。你們每個人都給了我自信和肯定，讓這一切得以成真。我的妹妹艾希亞和弟弟亞歷克斯，與我一起走過這一切；感謝羅伯為我樹立了所有難以抹滅的里程碑。獻給我的好姊妹們，海莉、ＡＪ、塔希、塔拉、菲比與茱兒，妳們的友情對我意義重大。感謝我經紀團隊的成員潔西、佛羅拉、露易絲和魯比，讓我有機會追尋這個魯莽的目標；感謝全力一小時播客節目團隊成員傑克、溫妮、湯姆與菲伊，謝謝你們相信我的想法，並讓它化為真實。感謝本書的出版團隊成員米雪琳、莉迪亞、娜瑪，以及我的編輯安娜，我們每週的線上視訊會議，是我在隔離生活中的亮點，特別感謝安娜，與妳共事出版這本書，真是令人難忘的經驗，謝謝妳和妳的指導，以及無止盡的耐心與鼓勵，妳幫助我釐清自己的想法和思路，也幫助我找到我的寫作風格。非常感謝所有看過本書初稿的人們，以及你們回饋我的意見；班、艾瑪和珊米，感謝你們撥空幫助我，容忍我一直在你們耳邊嘮叨所有關於這本書的事。最後要特別感謝我那可愛的兒子賈德，透過你的眼睛來看這世界，讓我夢想出無限的可能。

參考文獻

心態的力量

1 The terms "fixed mindset" . . .', Dr Carol S. Dweck, *Mindset: Changing the way you think to fulfil your potential* (London: Robinson, 2012).

2 'It is not just . . .', Ibid.

3 'In his book . . .', Thomas Suddendorf, *The Gap: The Science of What Separates Us from Other Animals* (New York: Basic Books, 2013).

4 'the theatre of our minds', 'Seeing is believing . . .', Natalie Pennicotte-Collier, in conversation with me on the *Power Hour* podcast, 12 December 2019.

5 'To an extent . . .', Lena Kessler, in conversation with me on the *Power Hour* podcast, 5 March 2019.

6 'The key to success . . .', Stephen Covey, *The 7 Habits of Highly Effective People: Revised and Updated 30th Anniversary Edition* (New York: Simon & Schuster, 2020).

7 'In his book *Outliers* . . .', Malcolm Gladwell, *Outliers: The Story of Success* (London: Penguin Books, 2008).

8 'statistically I can expect . . .', 'Healing a divided Britain: the need for a comprehensive race equality strategy', report by the Equality and Human Rights Commission, published August 2016, available on www.equalityhumanrights.com.

9 'It's good to know . . .', Maggie Alphonsi, in conversation with me on the *Power Hour* podcast, 22 October 2019.

10 'One of the tools . . .', Jim Kwik, '138: Discovering Your Dominant Question' episode on the *Kwik Brain with Jim Kwik* podcast, 25 July 2019.

11 'He explains that . . .', Ibid.

12 'Plasticity exists from . . .', Norman Doidge, *The Brain That Changes Itself: Stories of Personal Triumph from the Frontiers of Brain Science* (London: Penguin Books, 2008).

13 'In a world . . .', Lauren Armes, in conversation with me on the *Power Hour* podcast, 9 June 2020.

14 'Gladwell's 10,000-Hour Rule', Gladwell, op. cit.

15 'My two biggest lessons . . .', Brandon Stanton, in an interview with CNBC, December 2014, available on www.cnbc.com.

16 'The ultimate endurance . . .', James Lawrence, 'How to Master Mental Toughness: James Lawrence on Impact Theory', interview on the *Impact Theory* podcast, 19 December 2017.

17 'I made a decision . . .', Karl Lokko, in conversation with me on the *Power Hour* podcast, 22 January 2019.

如何養成強大的習慣

1 'In *The Power of Habit* . . .', Charles Duhigg, *The Power of Habit: Why We Do What We Do, and How to Change* (London: William Heinemann, 2012).

2 'More recently, James Clear . . .', James Clear, *Atomic Habits: Tiny Changes, Remarkable Results* (London: Random House Business Books, 2018).

3 'The ability to discipline . . .', Dr Maxwell Maltz, *Psycho-Cybernetics: Updated and Expanded* (New York: Perigree, 2015).

4 'When I asked chartered . . .', Fiona Murden, in conversation with me on the *Power Hour* podcast, 3 January 2019.

5 'revealed that most of us . . .', Tanya Goodin, as part of the panel for'Daylesford Discusses: Wellness for a World that Never Switches Off' event, 24 February 2020.

運動的力量

1 'You don't need . . .', Dr Rupy Aujla in conversation with me on the *Power Hour* podcast, 17 January 2019.

2 'movement protects the . . .', Kimberley Wilson, *How to Build a Healthy Brain: Reduce stress, anxiety and depression and future-proof your brain* (London: Yellow Kite, 2020).

3 'suggests that mirroring . . .', Jason G. Goldman, 'Why Dancing Leads to Bonding', *Scientific American*, 1 May 2016, available on www. scientificamerican.com.

4 'Dance movement psychotherapy . . .', Kimberley Pena, in conversation with me on the *Power Hour* podcast, 31 May 2019.

5 'The first hour . . .', Linzi Boyd, in conversation with me on the *Power Hour* podcast, 18 May 2020.

6 'Life happens. Every . . .', Richie Norton, in conversation with me on the *Power Hour* podcast, 10 January 2019.

7 'The average commute . . .', National Express Transport Solutions, 'Average London commute stands at 74 minutes a day', 25 September 2020, available on www.ne-transportsolutions.com.

8 'A 2015 report . . .', 'Commuting and individual well-being in London', report by the Greater London Authority, January 2015, available on www.data.gov.uk.

9 'Managing a busy . . .', Sammi Adhami, in conversation with me.

睡眠的力量

1 'In it, Walker explains . . .', 'routinely sleeping less . . .', 'Adults forty-five years . . .', Matthew Walker, *Why We Sleep: The New Science of Sleep and Dreams* (London: Allen Lane, 2017).

2 'Sleep has been . . .', Jazmin Sawyers, in conversation with me on the *Power Hour* podcast, 8 January 2019.

3 'Sleep underpins everything . . .', Dr Sophie Bostock, in conversation with me on the *Power Hour* podcast, 19 June 2019.

4 'In the UK . . .', Marco Túlio de Mello et al., 'Sleep Disorders as a Cause of Motor Vehicle Collisions', *International Journal of Preventive Medicine*, 4(3): 246–257, 3 March 2013, available on www.ncwww.ncbi.nlm.nih.gov.

5 'Sophie recommends keeping . . .', Dr Sophie Bostock, in conversation with me on the *Power Hour* podcast, 19 June 2019.

6 'We are designed . . .', Ibid.

7 'women will typically . . .', 'Gender pay gap in the UK: 2019', report by the Office for National Statistics, published October 2019, available on www.ons.gov.uk.

8 'Throughout her lifetime . . .', Lizzie Thomson, 'Everything to know about the "gender sleep gap"', *Metro*, 17 August 2019.

9 'It's down to our . . .', Dr Zoe Williams, in conversation with me on the *Power Hour* podcast, 4 June 2019.

10 'You can change . . .', Ibid.

11 'Shield artificial light . . .', National Sleep Foundation, 'How artificial light affects our sleep patterns', available on www.sleep.org.

12 'Studies show that . . .', Alice Park, 'Why You Shouldn't Read a Tablet Before Bed', *Time Magazine*, 22 December 2014.

13 'Scientifically, there may . . .', National Sleep Foundation, 'Food and Drink that Promote a Good Night Sleep', blog post available on www. uniquemindcare.com.

14 'Dr Rangan Chatterjee suggests . . .', Dr Rangan Chatterjee, *The 4 Pillar Plan: How to Relax, Eat, Move and Sleep Your Way to a Longer, Healthier Life* (London: Penguin Life, 2017).

15 'That is why . . .', Dr Sophie Bostock, in conversation with me on the *Power Hour* podcast, 19 June 2019.

16 'This is why . . .', Ibid.

17 'the power of the breath', Wim Hof, *The Wim Hof Method: Activate Your Potential, Transcend Your Limits* (London: Rider, 2020).

18 'We are only . . .', James Nestor, '#1506 – James Nestor', interview on *The Joe Rogan Experience* podcast, 13 July 2020.

19 'Health psychologist Kelly . . .', Kelly McGonigal, '374: Kelly McGonigal, The Upside of Stress', interview on *The Jordan Harbinger Show* podcast, 7 July 2020.

20 'Kelly says that . . .', Ibid.

人的力量

1 Alone, we can . . .', Helen Keller, in speech, available from the Helen Keller Archive at the American Foundation for the Blind (AFB).

2 'What I've learned . . .', Marta Zaraska, in conversation with me on the *Power Hour* podcast, 16 June 2020.

3 'You need humility . . .', 'Grant explains that . . .', Adam Grant, 'The best teams have this secret weapon', TED Talk, 31 May 2018.

4 'If you get your . . .', Steve Sims, 'What You Need to Finally Make It Happen with Steve Sims', interview on *The Science of Success* podcast, 2 July 2020.

5 'We don't like . . .', Aicha McKenzie, in conversation with me on the *Power Hour* podcast, 19 March 2019.

6 'Remember that . . .', Ibid.

7 'The book outlines . . .', Susan Cain, *Quiet: The Power of Introverts in a World That Can't Stop Talking* (London: Penguin Books, 2013).

8 'He says that . . .', Jordan Harbinger, '6 Minute Networking', online course available on www.courses.jordanharbinger.com.

9 'Imagine that you . . .', Ben Wharfe, in conversation with me on the *Power Hour* podcast, 27 August 2019.

10 'One of the . . .', Ibid.

11 'When a person . . .', Robert Frank, 'How self- made are today's billionaires?', *CNBC*, 3 October 2014.

目標的力量

1 'possibly the best . . .', *Athletics Weekly*, quoted on www.morgan-lake.com/morgan/.

2 'It was quite . . .', Morgan Lake, in conversation with me on the *Power Hour* podcast, 2 July 2019.

3 'podcast interview with . . .', Jesse Itzler, '#1127 – Jesse Itzler', interview on *The Joe Rogan Experience* podcast, 5 June 2018.

4 'I was working . . .', IN-Q, 'Home', *Inquire Within* (New York: HarperOne, 2020).

5 'I never advise . . .', Samantha Clarke, in conversation with me on the *Power Hour* podcast, 18 February 2020.

6 'It might be that . . .', Ibid.

7 'Author and motivational . . .', Simon Sinek, 'How great leaders inspire action', TED Talk, 4 May 2010.

8 'one of the most . . .', Arianna Huffington quoted in Helen Booth, 'CV advice: the four skills you should always include, according to top CEOs', *Stylist Online*, 18 February 2020.

9 'addicted to busy', Jody Shield, in conversation with me on the *Power Hour* podcast, 27 November 2018.

10 'When we step . . .', Ibid.

11 'Whenever the younger . . .', Trevor Nelson, in conversation with me on the *Power Hour* podcast, 15 October 2019.

創造你的全力一小時

1 'This innovative concept . . .', Sir Dave Brails- ford, in an interview with Eben Harrell, 'How 1% Performance Improvements Led to Olym- pic Gold', *Harvard Business Review*, 30 October 2015.

2 'Scientist and author Cal . . .', 'ditch the tech', 'embrace the boredom', 'you'll become much . . .', Cal Newport, *Deep Work: Rules for Focused Success in a Distracted World* (London: Piatkus, 2016).

3 'Countless studies have . . .', Lisa Quast, 'Want to Be More Productive? Stop Multi-tasking', *Forbes Magazine*, 6 February 2017.

4 'According to psychologist . . .', 'One thing that is . . .', 'She defines self-awareness . . .', Dr Tasha Eurich, 'You Aren't Actually Self-Aware with Tasha Eurich', interview on *The Science of Success* podcast, 21 May 2020.

5 'Dr Eurich's research concludes . . .', Ibid.

Top
012

一小時的力量：

每天微改變，養大你的成功因子

Power Hour: How to Focus on Your Goals and Create a Life You Love

作　　者　艾德莉安・赫伯特（Adrienne Herbert）
譯　　者　若揚其

總 編 輯　魏珮丞
責任編輯　魏珮丞
封面設計　萬勝安
排　　版　菩薩蠻

社　　長　郭重興
發 行 人　曾大福
出　　版　新樂園出版／遠足文化事業股份有限公司
客服信箱：nutopia@bookrep.com.tw
發　　行　遠足文化事業股份有限公司
地　　址　231 新北市新店區民權路 108-2 號 9 樓
電　　話　（02）2218-1417
傳　　真　（02）2218-8057
郵撥帳號　19504465
客服信箱　service@bookrep.com.tw
官方網站　http://www.bookrep.com.tw
法律顧問　華洋國際專利商標事務所 蘇文生律師
印　　製　呈靖印刷

初　　版　2021 年 07 月
初版五刷　2023 年 05 月
定　　價　360 元
ISBN　978-986-06563-0-5

國家圖書館出版品預行編目 (CIP) 資料

一小時的力量：每天微改變，養大你的成功因子 / 艾德莉安．赫伯特 (Adrienne Herbert) 著；若揚其譯．-- 初版．-- 新北市：新樂園出版，遠足文化事業股份有限公司出版，2021.07
272 面；14.8 × 21 公分 ── (Top；12)

ISBN 978-986-06563-0-5（平裝）

1. 自我實現 2. 成功法

177.2　　110008040